Eiweiß Diät

Gesund und schnell Abnehmen mit der Eiweiß Diät - Den Stoffwechsel beschleunigen und mit maximaler Fettverbrennung in 30 Tagen zur Bikini Figur

1. Auflage 2017

ISBN-10: 154700309X

ISBN-13: 978-1547003099

Über das Buch

In diesem Buch erwarten Sie **grundlegende Information** und **hilfreiche Tipps** rund um die **Eiweiß Diät**, sowie ein **30-Tage-Ernährungsplan** mit **Rezeptvorschlägen** für **Frühstück**, **Mittag- und Abendessen**.

Zudem werden **folgende Inhalte** thematisiert:

- Was ist eine Eiweiß Diät
- Warum ist die Eiweiß Diät so beliebt
- Was sind überhaupt Eiweiße
- Eiweißarten
- Wieviel Eiweiß ist gesund
- Welche Lebensmittel darf ist essen, oder auch nicht
- Vor- und Nachteile einer Eiweißdiät
- Für wen ist eine Eiweiß Diät geeignet
- Abnehmen mit Eiweiß
- Eiweiß Diät für Sportler
- Eiweiß Diät für Veganer
- Oder auch typische Fehler, die es zu vermeiden gilt

Die beinhalteten Rezepte enthalten neben **Rezeptabbildungen**, **Angaben zu Nährwerten**, **Portionsgrößen**, **Schwierigkeitsgrad** und **Zubereitungszeiten**.

Des Weiteren finden Sie am Ende des Buches Angaben, bzw. Empfehlungen zu Lebensmitteln, die gut mit einer Eiweißdiät kombinierbar sind, sowie Nährwerttabellen für eiweißreiche Lebensmittel.

Auch über nützliche und hilfreiche Begleiter, wie Kalorienzähler, Fitnessarmbänder oder informative Internetseite, die Ihnen bei der Umsetzung Ihrer Ziele helfen können, werde ich Sie informieren.

Zudem erhalten Sie wertvolle Tipps zur Erstellung eines Ernährungsplanes, wie Sie sich eine gute Strategie erarbeiten, wie Sie regelmäßig Erfolgskontrollen durchführen, Ihre Einkäufe sinnvoll planen können, sich selbst motivieren oder auch Heißhunger verhindern bzw. vermeiden.

Ich wünsche Ihnen viel Spaß beim Lesen und hoffe, dass auch Sie es schaffen, Ihre überschüssigen Pfunde loszuwerden, sich gesünder und bewusster zu ernähren und etwas Informatives oder Wissenswertes aus diesem Buch mitnehmen können.

Ihre

Nele Kaczmarek

Inhaltsverzeichnis

Einleitung

Die Eiweiß-Diät ist das **GEHEIMNIS** der **PROMIS** schlecht hin und garantiert schnelles, gesundes und dauerhaftes Abnehmen. Die Eiweiß Diät ist aber nicht nur etwas für Hollywood-Größen und die eh schon schönen „Victoria's Secret Engel", sondern kann auch in Ihrem Leben einiges verändern!

Ob es um langjährige angefutterte Kilos, oder lästige Schwangerschaftspfunde geht, mit dieser Diät purzeln auch bei Ihnen die Pfunde und Sie finden in kürzester Zeit zurück zu Ihrer Traumfigur. Auch für Sportler ist die Eiweiß Diät sehr gut geeignet, denn sie hilft nicht nur dabei, überschüssiges Fett zu verbrennen und Muskeln aufzubauen, sondern trägt auch dazu bei, die schon vorhandene Muskulatur zu erhalten.

Ob Aktins-, Paleo-, Dukan- oder Schlank-im-Schlaf-Diät, diese Diäten basieren alle auf der gleichen Basis, den Verzehr von Kohlenhydratreichen Lebensmitteln zu vermeiden und dafür die Zufuhr von eiweißreichen Nahrungsmitteln in den Vordergrund zu rücken.

Was ist eine Eiweiß Diät

Die Eiweiß Diät gehört in die Kategorie der Low-Carb-Diäten und ist zurzeit eine der beliebtesten und erfolgreichsten Diäten weltweit. Aber um was genau geht es bei einer Eiweiß Diät, bzw. was genau ist eine Eiweiß Diät eigentlich?

Wie das Wort „Eiweiß Diät" schon verrät, liegt der Hauptbestandteil einer solchen darin, überwiegend eiweißhaltige Lebensmittel zu sich zu nehmen. Das bedeutet, auf dem Speiseplan stehen Lebensmittel mit einem relativ hohen Eiweißanteil, wie z.B. Fisch, Fleisch, Milchprodukte und Gemüse. Aber auch Eiweiß Shakes könne als Ergänzung sinnvoller Bestandteil sein.

Eiweißreich bedeutet aber nicht, dass Sie sich den ganzen Tag von hartgekochten Eiern oder Magerquark ernähren müssen, es gibt eine Vielzahl an tollen eiweißreichen Rezept-Ideen, die für Abwechslung auf dem Speiseplan sorgen. Dabei sollte aber jede Mahlzeit eine Eiweißquelle enthalten.

Auch bei dieser Art der Diät ist es nicht Sinn und Zweck zu hungern, ganz im Gegenteil. Es soll sich sattgegessen werden, damit die so fatalen Heißhungerattacken Sie nicht erwischen. Zudem ist eine eiweißreiche Ernährung in der Regel sehr sättigend und kalorienarm, wodurch Sie nicht nur weniger essen, sondern auch noch weniger Fett und Kohlenhydrate zu sich nehmen. Somit sinkt natürlich auch Ihre Kalorienzufuhr. Diese Tatsache kann Ihnen helfen, überschüssige und ungeliebte Pfunde schnell und vor allem dauerhaft loszuwerden.

Wie bei jeder Art von Diäten oder Ernährungsumstellungen ist auch hier die körperliche Bewegung von Vorteil. Sport hilft nicht nur dabei, Ihre ernährungsform zu unterstützen und die unerwünschten Kilos schneller verschwinden zu lassen, sondern stärkt auch Ihre Muskulatur, das Bindegewebe, das Immunsystem, verbessert Ihre Ausdauer und führt dazu, dass Sie sich im Allgemeinen einfach energiegeladener und fitter fühlt.

Warum ist die Eiweiß Diät so beliebt?

Wer schnell, gesund und langanhaltend Gewicht verlieren möchte, entscheidet sich für die Eiweiß Diät. Nicht ohne Grund schwören die „Reichen & Schönen“ auf diese Diät. Aber warum ist diese Form der Ernährung, bzw. der Gewichtsreduktion so beliebt?

Gründe, für die Beliebtheit der Eiweiß Diät:

- das Abnehmen mit der Eiweiß Diät geht nicht nur sehr schnell, sondern ist auch noch total unkompliziert
- eiweißhaltige Lebensmittel sind sehr sättigend, wodurch nicht gehungert werden muss
- durch reduziertes Fette und Kohlenhydrate werden automatisch weniger Kalorien aufgenommen
- Verdauung und Stoffwechsel sind durch Proteine länger aktiv, wodurch die Fettverbrennung angekurbelt wird
- Halten sie zudem regelmäßig Sport, wird die Gewichtsabnahme zusätzlich verstärkt und beschleunigt

- Bereits aufgebaute Muskeln werden durch die erhöhte Proteinzufuhr erhalten
- Aufgrund der gesunden Gewichtsabnahme verringert sich laut Experten der so verhasste Jojo-Effekt
- Auch für Vegetarier und Veganer ist diese Form der Diät geeignet. Diese können problemlos auf pflanzliche Proteine zurückgreifen

Aus diesen vielzähligen Gründen, ist die Eiweiß Diät nicht nur eine der effektivsten, sondern auch eine der beliebtesten Diätformen der heutigen Zeit.

Basics - Das Eiweiß 1x1

Wie vorab schon einmal erwähnt, liegt der Schlüssel einer Eiweiß Diät in einer proteinreichen Ernährung. Aber was genau sind Proteine und was bewirken sie in unserem Körper? Warum helfen sie uns beim Abnehmen und in welchen Lebensmitteln sind große Mengen Eiweiß enthalten? Nachfolgend finden Sie grundlegende Informationen, damit auch Sie genau wissen, warum eine Eiweiß Diät so erfolgsversprechend ist.

Was sind Eiweiße

Proteine gehören zu den essentiellen Nährstoffen und werden aus 20 verschiedenen Aminosäuren gebildet. Eiweiße sind nicht nur der Stoff aus dem Enzyme, Hormone und Körperzellen entstehen, vielmehr sind sie die elementaren Bausteine unseres Lebens, die noch dazu so einige Schlüsselfunktionen enthalten.

Als einer der Haupt- bzw. Makronährstoffe dienen sie nicht nur als wichtiger Energielieferant, sondern übernehmen auch eine ganze Reihe an wichtigen Funktionen in unserem Körper. Nahrungsproteine bestehen aus Aminosäuren, von denen unser Körper 9 dringend braucht, selbst aber nicht produzieren kann. Diese essentiellen Aminosäuren müssen wir mit dem enthaltenen Eiweiß in unserer Nahrung aufnehmen und sind lebenswichtig. Die restlichen 11 Aminosäuren können vom Körper selbst produziert werden und sind somit nicht essentiell bzw. semiessentiell.

Proteine befinden sich im Normalfall in all unseren Körperzellen und machen so in der Regel mehr als 50 % unseres „Trockengewichts" aus. Unsere Haut, aber auch unser Haar, das Herz, unser Gehirn sowie unsere Muskeln bestehen somit überwiegend aus Proteinen.

Welche Funktionen haben Eiweiße

Eiweiße dienen nicht nur als Baustoffe für unsere Muskeln, Organe und unser Blut, sondern spielen auch für Zellen und Gewebe eine wichtige Rolle. Ebenso bestehen auch die Antikörper unseres Immunsystems, Enzyme und körpereigene Hormone wie Insulin aus Aminosäuren.

Proteine die wir unserem Körper zuführen sorgen unter anderem auch dafür, dass unsere Körperzellen, die sich ständig erneuern und auf Eiweiß angewiesen sind, immer gut versorgt sind.

Des weiteren können Proteine weitere spezielle Funktionen in unserem Organismus übernehmen:

- Im Hungerzustand kann unser Körper Proteine als Energielieferant verwenden
- Regulierung der Erregbarkeit von Nerven und Muskulatur
- Sie unterstützen den Sauerstoff- und Eisentransport sowie die Beförderung von wichtigen Salzen, Vitamin C und Hormonen in unserem Blut
- Sie entschlüsseln die Enzyme in unserem Darm
- Sie sind für die Verhinderung starker Blutungen, sowie auch für Gefäßverstopfungen durch zu schnelles gerinnen des Blutes verantwortlich
- Sie unterstützen bei der Abwehr gegen Mikroorganismen wie Gifte, Bakterien, Viren und Pilze und helfen bei der Bildung von Antikörpern
- Sie sind mitverantwortlich für die Struktur unserer Haut, Haaren, Nägeln, Sehnen und Bändern, unseres Gewebes und unserer Knochen
- Sie unterstützen die Leistungsfähigkeit von Gehirn uns Muskulatur
- Bestimmte Muskelproteine können beschädigtes Körpergewebe wiederherstellen bzw. helfen bei der Regeneration
- Am Gehirn entstandenen Nervenzellschädigungen können durch bestimmte Proteine repariert werden
- Therapeutische Proteine können helfen, Alzheimer sowie auch Herzerkrankungen besser zu behandeln
- Sie sind verantwortlich für Reaktionen wie Hunger, Durst oder auch Müdigkeit

Eiweiß-Arten und ihre Unterschiede

Um den täglichen Bedarf an Eiweiß zu decken, stehen sowohl pflanzliche als auch tierische Eiweiße zur Verfügung. Diese unterscheiden sich nicht nur in ihrer Herkunft, sondern auch in ihren Inhaltsstoffen und die Art und Weise, wie sie auf den menschlichen Körper wirken.

Tierisches Eiweiß

Tierisches Eiweiß enthält große Mengen an qualitativ hochwertigen Proteinen und unterstütz zahlreiche Funktionen in unserem Körper.

Tierisches Eiweiß ist unter anderem in folgenden Nahrungsmitteln enthalten:

- Fleisch
- Fisch
- Geflügel
- Milchprodukten (Käse, Molke Produkte, Joghurt etc.)
- Eiern

Pflanzliches Eiweiß

Pflanzliches Eiweiß enthält alle notwendigen Aminosäuren, die für unseren Organismus erforderlich sind, ist aber im Allgemeinen biologisch geringwertiger als tierisches Eiweiß. Daher sollten pflanzliche Eiweiße sinnvoll miteinander kombiniert werden, um die Konzentration der Aminosäuren zu steigern und somit Defizite auszugleichen.

Pflanzliches Eiweiß ist unter anderem in folgenden Nahrungsmitteln enthalten:

- Saaten (Kürbiskerne, Sonnenblumenkerne etc.)
- Getreide

- Pseudogetreide (z.B. Quinoa)
- Nüssen
- Lupinenprodukten
- Trockenfrüchten
- Sojaprodukten
- Gemüse
- Nahrungsergänzungsmitteln
- Und pflanzlichen Proteinpulvern

Eiweiß Pulver/ Wheyprotein

Eiweiß Pulver, welches aus tierischen oder pflanzlichen Lebensmitteln isoliert wird und bereits nach einer Stunde den höchsten Wert in unserem Blut erzielt, wird sehr schnell von unserem Körper verdaut. Es kann in Form von leckeren Shakes aber durchaus hochwertiges Protein liefern und ist zudem fett- und kalorienarm.

Eiweißpulver/Wheyprotein ist unter anderem in folgenden Nahrungsergänzungsmitteln mitteln enthalten:

- Eiweißshakes
- Diätshakes
- Proteinriegeln

Wieviel Eiweiß ist gesund

Wer noch nie eine Eiweiß Diät gemacht hat, bzw. sich noch nicht näher mit dem Thema beschäftigt haben sollte, dem stellt sich oft die Frage, in welchen Menge der Verzehr von Eiweiß stattfinden sollte.

Fakt ist, dass die meisten Menschen täglich mehr Eiweiß zu sich nehmen, als die empfohlene Tageszufuhr vorsieht. Bei gesunden Menschen ist dieses in der Regel kein Problem und auch nicht schädlich, da unser Körper überschüssige Aminosäuren wieder ausscheidet.

Für gesunde Erwachsene liegt die Empfehlung der täglichen Proteinzufuhr bei 0,8 Gramm pro Kilogramm des Körpergewichtes. Bei gesunden Kindern und Jugendlichen im Wachstum, sollte die tägliche Eiweißzufuhr von 0,9 Gramm pro Kilogramm Körpergewicht nicht überschritten werden.

Es sollte also auf die richtige Dosierung der Eiweißzufuhr geachtet werden, damit einem keine Nachteile entstehen. Denn auch ein Eiweißmangel kann besonders während des Wachstums zu körperlicher, im Extremfall sogar zu geistiger Unterentwicklung führen.

Menschen, die an einer Niercnerkrankung leiden, wird von Mediziner empfohlen, die tägliche Eiweißzufuhr durch Nahrungsmittel einzuschränken.

Neben der Optimalen Menge an Eiweiß sollte auch darauf geachtet werden, über welche Qualität das aufgenommene Protein verfügt. Denn neben den essentiellen Aminosäuren die unser Körper nicht selber herstellen kann, sollten auch ausreichend entbehrende Aminosäuren durch Nahrungsaufnahme verzehrt werden, desto höher ist die biologische Wertigkeit. Diese gibt an, wie gut unser Körper das aufgenommene Eiweiß aus der Nahrung verwerten kann.

Die biologische Wertigkeit von Eiweiß

Die biologische Wertigkeit bestimmt die Qualität des Eiweißes und gibt an, wie gut unser Körper das Eiweiß aus der von uns aufgenommen Nahrung verwerten kann. Der Referenzwert wird hier vom Hühnerei vorgegeben und hat eine biologische Wertigkeit von 100. Dicht gefolgt von Rindfleisch und Thunfisch, die mit einer Wertigkeit von 92 ebenfalls glänzen können.

Unter den kohlenhydratlastigen Lebensmitteln wie Brot oder Nudeln, macht die Kartoffel mit einer biologischen Wertigkeit von 98 das Rennen. Diese sind aber eher für Sportler geeignet und nicht für diejenigen, die ihr Gewicht reduzieren möchten.

Lebensmittel mit einer hohen biologischen Wertigkeit sind unter anderem auch Fettarme Milch und Milchprodukte. In die Kategorie der niedrigeren biologischen Wertigkeit reihen sich neben der Kartoffel z.B. auch Getreideflocken und Hülsenfrüchte.

Kombinieren Sie pflanzliche und tierische Proteine, können Sie insgesamt eine höhere biologische Wertigkeit erzielen, da sich die Proteine gegenseitig ergänzen.

Abnehmen mit Eiweiß

Bei einer Eiweiß Diät liegt der Schwerpunkt auf Proteinreicher Ernährung, welche uns gesund und zuverlässig abnehmen lässt. Denn Proteinreiche Nahrungsmittel sorgen dafür, dass unser Insulinspiegel nach dem Essen nicht in die Höhe schießt, wir uns langanhaltend gesättigt fühlen und keine Heißhungerattacken verspüren. Zudem gilt Eiweiß als der „Muskeltreibstoff" schlechthin.

Bei regelmäßiger Eiweißzufuhr greift der menschliche Körper wenn er den Bedarf verspürt, nicht auf Eiweißreserven in unserer Muskulatur zurück, wodurch diese erhalten bleibt und der so gemeine Jojo-Effekt verhindert wird.

Auf dem Speiseplan stehen also ab sofort Nahrungsmittel mit hohem Eiweißgehalt wie fettarme Milchprodukte, z.B. Magerquark und Hüttenkäse, Geflügel, mageres Fleisch, Fisch und Eier. Aber auch Fette, wie sie in Käse oder Wurst enthalten sind, sowie ballaststoffreiche Lebensmittel wie Vollkornbrot oder Vollkorn Nudeln, dürfen in Maßen gegessen werden.

Eiweiß in Form von Pulver ist ebenfalls für die Ergänzung einer Proteinreichen Ernährung geeignet und diese gehen nicht nur schnell und liefern hochwertiges Eiweißsondern, sie können auch richtig lecker und zudem fett- und kalorienarm. Eiweiß Shakes sind also gesunde und leckere Sattmacher, die besonders am Abend den Stoffwechsel enorm anregen, die Fettverbrennung extrem verstärken und überschüssigen Pfunde zum Schmelzen bringen. Ebenso kann sich unser Körper durch das aufgenommene Eiweiß über Nacht regenerieren.

Besonders wenn Sie Sie während einer Eiweiß Diät viel Sport treiben, kann ein Proteinshake wahre nach dem Sport, wahre Wunder bewirken. Die gewünschte Gewichtsreduktion ist dadurch nicht nur einfacher zu erreichen, das enthaltene Eiweiß unterstützt sogar auch noch den Aufbau unserer Muskulatur nach dem Sport und somit auch den Kalorienverbrauch.

Eiweiß in der richtigen Menge und der richtigen Kombination verringert außerdem die Glucosezufuhr, wodurch der Körper dazu gezwungen wird, die eigenen Fett-polster anzugreifen.

Eiweiß für Sportler

Eiweiß ist das Nahrungsmittel für Sportler. Es ist der wichtigste Baustein für den Muskelaufbau. Jedoch gehört zu einem Körper aus stählernen Muskel mehr, als das trinken von Proteinshakes oder das essen von Magerquark. Sportler kombinieren hier eine Eiweißreiche Ernährung mit intensivem Krafttraining.

Der Muskelaufbau

Wie schon einmal kurz angesprochen wird hierfür eine eiweißhaltige Ernährung mit intensivem Krafttraining kombiniert. Denn ohne eine ausreichende Eiweißzufuhr, fehlt unserem Körper der so wichtige Baustein Eiweiß, der zum perfekten Muskelaufbau beiträgt.

Es sollte daher am besten direkt nach dem Training ein Eiweißshake getrunken werden. Dieser unterstützt die Muskeln in ihrem Wachstum und der Trainingserfolg kann optimiert werden. Ein gutes Multipower-Eiweißpulver ist hierfür optimal, da seine Nährstoffe sehr schnell vom Körper aufgenommen werden. Die empfohlene Proteinzufuhr liegt hierbei bei etwa 2 Gramm pro Kilogramm Körpergewicht.

Auch an trainingsfreien Tagen sollte nicht auf Eiweiß verzichtet werden. Sie ist wichtig, damit auch während der „Ruhephase" die Muskelsubstanz weiter aufgebaut werden kann.

Die Ausdauer

Auch für unsere Ausdauer ist Eiweiß ein wichtiger Bestandteil. Besteht ein aktiver Eiweißmangel in unserem Körper, so greift dieser bei stärkeren körperlichen Belastungen auf die eigenen Eiweißreserven zurück. Dadurch kann es zu einer verschlechterten Kondition, einer deutlich geringeren Ausdauer und weniger Leistungsfähigkeit kommen. Da dieses natürlich nicht das ist, was ein Ausdauersportler anstrebt, sollte auf eine ausreichende Eiweißzufuhr geachtet werden.

Der Gesamtproteinbedarf eines Ausdauersportlers beträgt etwa 15 % der Basisernährung, welcher durch den Verzehr von Eiern, Hülsenfrüchten, fettarmen Michprodukten sowie mageren Fleisch- und Wurstsorten gut gedeckt werden kann.

Daher ist besonders für diese Art Sportler die Proteinzufuhr am Abend regelrecht Pflicht. Denn auch nach effektivem Cardio-Training im Fitnessstudio oder dem Joggen gehen am Abend, brauchen unsere Muskeln reichlich Proteine, um sich anständig regenerieren und bei kleineren Verletzungen über Nacht reparieren zu können. Ebenfalls wird durch die Proteinaufnahme vor dem Schlafengehen der Muskelabbau verhindert.

Um besonders den Muskelabbau in der Nacht zu verhindern ist es sinnvoll, vor dem Schlafen Casein-Eiweiß zu verzehren. Dieses wird vom Körper bis zu 8 Stunden lang verarbeitet. Gönnen Sie sich daher vor der nächtlichen Ruhe z.B. eine Portion Quark.

Wann ist der richtige Zeitpunkt für eine Eiweißaufnahme

Ob es nun besser ist vor dem Training, oder nach dem Training Proteine aufzunehmen, darüber streiten sich die Gemüter. Es gibt erfolgreiche Studien, die besagen, dass eine direkte Eiweißaufnahme vor dem Training effektiver ist, als eine Proteinzufuhr nach dem Training. Jedoch gibt es auch etwaige Studien die dieses wiederlegen und behaupten, eine Eiweißaufnahme nach dem Training sei besser.

Hier muss jeder Sportler selber herausfinden, was für ihn die optimale Lösung ist und womit er a besten zurechtkommt. Viele Leistungssportler schwören daher auf ein Eiweißzufuhr sowohl vor, als auch nach dem Training. Hier fällt die Wahl oft auf schnelle Proteine wie Molkeneiweiß in Form von Quark oder Eiern, denn genau dieses kann schnell und effektiv den erhöhten Eiweißbedarf decken.

Achten Sie als Sportler auf die Aufnahme von unterschiedlichen proteinhaltigen Lebensmitteln, denn so ist Ihre Chance am größten, die so wichtigen Aminosäuren aufzunehmen und den optimalen Muskelaufbau zu erlangen.

Eiweißaufnahme für Veganer

Menschen, die sich vegan ernähren, müssen natürlich auf pflanzliche Proteine zurückgreifen. Was aber auch überhaupt kein Problem ist, da es eine Vielzahl an Nahrungsmitteln gibt, die pflanzliches Eiweiß enthalten.

Achten Sie bei einer veganen Ernährung also darauf, dass Sie regelmäßig Lebensmittel wie Hülsenfrüchte, Saaten, Getreide oder Nüsse zu sich nehmen, um einem Eiweißmangel vorzubeugen. Auch

Proteinpulver wie z. B. Reisprotein, Erbsenprotein, Hanfprotein oder Lupinenprotein ist zur Ergänzung geeignet.

Eine Liste mit Eiweißhaltigen Lebensmitteln, finden Sie im hinteren Teil des Buches.

Eiweißhaltige Grundnahrungsmittel

Eiweißhaltige Nahrungsmittel stehen ab sofort im Vordergrund du diese bestehen nicht nur aus Eiern. Vorzugsweise sollten während einer Eiweiß Diät Nahrungsmittel wie Fleisch, Fisch, Geflügel, Milchprodukte, Hülsenfrüchte oder auch pflanzliche Eiweißlieferanten wie Tofu auf dem Speiseplan stehen.

Besonders Lebensmittel wie Fisch und Geflügel sind ein optimaler Begleiter während einer Protein Diät, da diese nicht nur über viel Eiweiß, sondern auch über wenig Kohlenhydrate verfügen.

Eine ausführlichere Liste mit Eiweißhaltigen Lebensmitteln, finden Sie im hinteren Teil des Buches.

Die optimalen Nahrungsmittel

Wir wissen inzwischen, dass bei einer Eiweiß Diät besonders die Proteinreichen Nahrungsmittel im Vordergrund stehen. Aber welche Lebensmittel sind denn nun genau erlaubt und in welchem Verhältnis? Verschaffen wir uns einen kurzen Überblick über die optimalen Lebensmittel. Eine ausführlichere Liste mit eiweißhaltigen Lebensmitteln, finden Sie im hinteren Teil des Buches.

Die Formel für eine perfekte Bikini Figur lautet:

viel Eiweiß + wenig Fett + langsame Kohlenhydrate

Viel Eiweiß bedeutet für uns:

- Fettarme Milchprodukte

- Eier
- Hähnchenbrustfilet
- Eiklar
- mageres Rindfleisch/Schweinfleisch
- Putenbrust
- Hüttenkäse (fettarm)
- Harzer Käse
- Seelachsfilet/ Rotbarschfilet/Thunfisch
- Magerquark

Wenig Fett bedeutet für uns:

- Mais
- Bohnen
- Sojaprodukte
- Linsen
- Haferflocken

Langsame Kohlenhydrate bedeuten für uns:

- Vollkornbrot
- Vollkornnudeln
- Getreideprodukte
- Pseudogetreide

Die optimalen Getränke

Viel trinken, vor allem Wasser, ist grundsätzlich wichtig und vor allem gesund, aber besonders während einer Eiweiß Diät sollten Sie darauf achten, ausreichend Flüssigkeit zu sich zu nehmen. So können Verdauung und Nieren die optimale Leistung erbringen.

Ebenfalls vermeiden Sie durch genügend Flüssigkeit eine lästige Verstopfung, die durch eine erhöhte Eiweißzufuhr und Flüssigkeitsmangel entstehen kann. Es sollten während einer Protein Diät mindestens 2-3 Liter Flüssigkeit aufgenommen werden. Durch die Aufnahme von genügend Flüssigkeit, können außerdem schnell auftretende Kopfschmerzen vermieden werden.

Wasser als Getränk ist natürlich die optimal Lösung, allerdings müssen Sie während einer Protein Diät auch nicht auf Kaffee oder Limonade verzichten. Kaffee sollte logischer Weise ohne Zucker getrunken werden. Mögen Sie Ihren Kaffee lieber Süß, benutzen Sie Zuckerersatzstoffe wie Xucker Light, Süßstoff oder Stevia.

Das Gleiche gilt natürlich für Limonaden. Können Sie also auf Ihre Cola nicht verzichten, trinken Sie die Light- oder Zero-Version. Süßstoffe sind ok, solange diese in Maßen konsumiert werden.

Alkohol ist während einer Eiweiß Diät TABU! Dieser enthält in der Regel viele Kohlenhydrate, hemmt die Fettverbrennung und bremst unseren Stoffwechsel!

Getränke während einer Eiweißdiät:

- stilles Wasser
- Wasser mit Sprudel
- Wasser, aromatisiert mit z.B. Zitrone oder Ingwer
- Kaffee, schwarz (ohne Zucker)
- Kaffee mit Milch (fettarm, ohne Zucker)
- Tee (vorzugweise Kräutertee oder grüner Tee)
- Diät Limonade, nicht mehr als ½ Liter pro Tag (Cola Light etc.)

Nahrungsergänzungsmittel

Nahrungsergänzungsmittel werden bei einer Eiweiß Diät in der Regel nicht benötigt. Eine ausgewogene, proteinreiche Ernährung ist vollkommen ausreichen, um die benötigte Menge an Eiweiß aufzunehmen. Eiweißhaltige Nahrungsergänzungen wie z.B. Proteinrigel oder Eiweiß Shakes werden in der Regel benötigt, um den zusätzlichen Energieverbrauch durch Sport wieder auszugleichen.

Trotzdem sind gerade Eiweiß Shakes kleine, aber effektive Diäthelfer und vereinfachen uns so manche Diät. Sie liefern unserem Körper die benötigten Proteine, haben in der Regel swehr wenig Kohlenhydrate und enthalten wenig Fett.

Optimaler Weise sollte ein Eiweiß Shake am Abend verzehrt werden, so kann unser Körper über Nacht die verwertbaren Proteine besonders gut aufnehmen. Ein weiterer Vorteil ist ein weniger starkes Hungergefühl am nächsten Morgen, da am Vorabend auf Kohlenhydrate verzichtet wurde.

Was sollte beim Kauf von Eiweiß Shakes beachtet werden

Die von Ihnen gekauften Protein Shakes sollten frei von Hormon-, Antibiotika- und Gentechnikrückständen sein.

Qualitativ hochwertige und speziell zum Abnehmen entwickelte Eiweiß Shakes sollten nach Möglichkeit über folgende Inhaltstoffe verfügen:

- Wichtige Vitamine und qualitativ hochwertige Rohstoffe
- Schnell verfügbare du langsame Proteine
- Zusätzliche Stoffe zur Anregung der Fettverbrennung
- Ausreichende Ballaststoffe
- Molken-Eiweiß

Vor- & Nachteile einer Eiweiß Diät

Wie bei fast jeder Diät gibt es auch bei der Eiweiß Diät gewisse Vor- und Nachteile. Vergewissern Sie sich daher bitte im Voraus, dass Sie körperlich gesund sind und weder an einer Herz-Kreislauf-Erkrankungen oder einer Niereninsuffizienz leiden.

Besonders wenn man eine größere Menge Gewicht in kurzer Zeit verlieren möchte, sollte vor Beginn ein Arzt aufgesucht werden. Dieser kann Ihnen dabei helfen, den richtigen Weg für Sie zu finden und eventuelle Risiken einzugrenzen.

Vorteile einer Eiweiß Diät

- schnelle Gewichtsabnahme
- einfache Anwendung

- kein Hungern durch hohen Sättigungsgrad
- kein Kalorienzählen
- leicht in den Alltag zu integrieren
- Kalorien werden schnell verbrannt
- langanhaltende Stoffwechselaktivitäten
- schnelle Verbrennung von Körperfett
- schütz vor Muskelabbau
- verhindert den Jojo-Effekt
- Sport verstärkt enorm den Abnehm-Effekt
- auch bei einer veganen Ernährungsform geeignet
- bestärkt unsere Glückshormone
- bessere Laune und weniger Stimmungsschwankungen
- positive Wirkung auf Haut und Bindegewebe
- verringert Cellulitis
- stärkt Haare und Nägel

Nachteile einer Eiweiß Diät

- eiweißreiche Produkte wie Käse und Wurst enthalten viel Fett und fördern in großen Mengen eher eine Gewichtszunahme sowie Fettstoffwechselstörungen
- nicht für Menschen geeignet, die an Herz-Kreislauf- und Nierenerkrankungen leiden
- Kopfschmerzen durch Flüssigkeitsmangel
- man muss eiweißhaltige Lebensmittel mögen
- kann den Cholesterinspiegel ansteigen lassen
- bei falscher Durchführung kann es zu Mangelerscheinungen wie Gichtanfällen kommen
- in der Anfangsphase kann es zu leichten Verstopfungen kommen
- besonders zu Beginn macht sich oft das Gefühl eines trockenen Mundes bemerkbar

Für wen ist eine Eiweiß Diät geeignet

Grundlegend ist eine Eiweiß Diät für alle gesunden Menschen, Senioren, Kinder und Jugendliche sowie auch für Vegetarier und Veganer geeignet.

Grundsätzlich sollten Sie aber vor Beginn einer Diät einen Mediziner Ihres Vertrauens aufsuchen, um eventuelle Erkrankungen und Risiken ausschließen zu können.

Bei Herz-Kreislauf-Erkrankungen sowie Niereninsuffizienz sollten Sie den Eiweißanteil in Ihrer Nahrung beschränken und Ihrer Gesundheit zu liebe auf eine Eiweiß Diät verzichten.

Auch Vegetarier und Veganer können eine Protein Diät absolvieren. Im Hinblick auf den Fettgehalt, haben diese es sogar ein wenig leichter, denn pflanzliche Proteine enthalten von Natur aus wenig Fett. Doch auch hier liegt der Schlüssel zum Glück, bei der richtigen Kombination der Nahrungsmittel.

Ablauf einer Eiweiß Diät

Wie eine Eiweiß Diät ernährungstechnisch abläuft, wurde bereits thematisiert. Aber wie sieht es mit bestimmten Abläufen oder Regeln aus? Müssen bestimmte Dinge beachtet werden, um schnell und vor allem erfolgreich ans Ziel zu kommen? Gibt es bestimmte, erfolgversprechende Methoden, die es uns leichter machen?

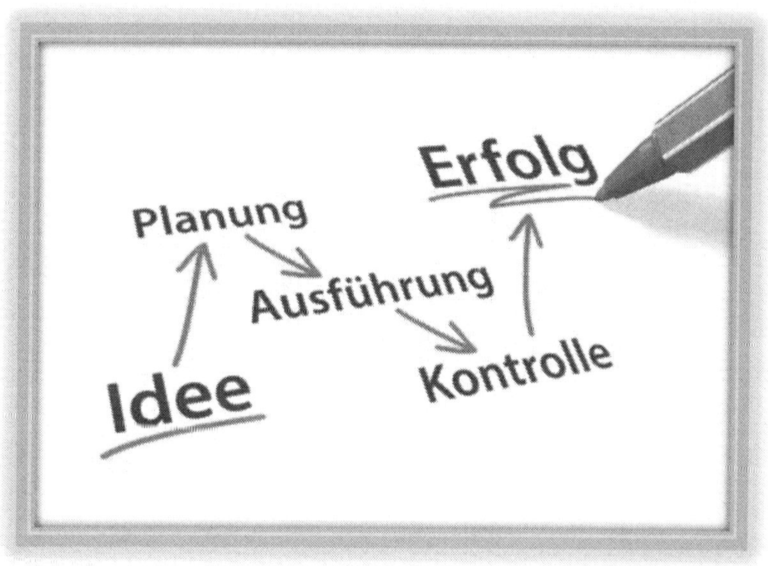

Durchhaltevermögen und Konsequenz werden mit Erfolg belohnt, soviel steht fest! Halten Sie sich Ihr Ziel ständig vor Augen und geben Sie nicht auf. Planen Sie vor Beginn Ihrer Diät die genauen Schritte.

Beschäftigen Sie sich mit Ihrer Ernährung und planen Ihre Einkäufe im Voraus. Machen Sie sich eine Einkaufsliste und erstellen Sie sich einen Ernährungsplan. Dieser wird Ihnen bei der Umsetzung Ihrer täglichen Mahlzeiten behilflich sein.

Nehmen Sie sich ausreichend Zeit für Ihre Mahlzeiten und machen sich Gedanke darüber, mit welcher körperlichen Betätigung Sie Ihr Ziel, die Gewichtsabnahme eventuell unterstützen können.

Der Diät-Plan

Erstellen Sie sich vorab einen genauen Plan, am besten wöchentlich. So erleichtern Sie sich nicht nur den Einstieg, sondern können auch Ihren Einkauf besser planen. Er ist quasi Ihr Leitfaden und begleitet Sie Woche für Woche auf dem Weg zu Ihrem Ziel.

Bei einer Eiweiß Diät werden in der Regel 5 Mahlzeiten am Tag gegessen, davon 3 Hauptmahlzeiten und 2 Zwischenmahlzeiten. Gestalten Sie Ihren Ernährungsplan ausgewogen und abwechslungsreich, damit Ihnen nicht gleich die Lust bzw. in diesem Fall der Appetit vergeht. Achten Sie dabei darauf, die optimalen Lebensmittel miteinander zu kombinieren, um schnellstmöglich und effektiv an Ihr Ziel zu kommen.

Ebenso bietet ein Diät-Plan Ihnen eine Art Sicherheit, gerade am Anfang. Sie können sich darauf verlassen, dass das, was Sie Zubereiten, gut für Ihren Körper ist und Sie mit Sicherheit Gewicht verlieren werden. Er gibt Ihnen außerdem eine genaue Übersicht darüber, was Sie bereits tagsüber gegessen haben, oder noch essen dürfen.

Ein Ernährungsplan kostet Sie vielleicht einen Augenblick Zeit, aber Sie werden es nicht bereuen und merken, dass dieser Ihnen den Umgang mit Ihren Nahrungsmitteln um einiges erleichtert.

Um eine Diät erfolgreich zu meistern, ist es wichtig, sein Ziel zu definieren. Sie sollte sich darüber im Klaren sein, wie viel Sie abnehmen möchten und ob Sie dieses Ziel langsam oder eher radikal erreichen wollen. Bestimmen Sie mit Hilfe eines Kalorienbedarfsrechners Ihren täglichen Leistungsumsatz (Kalorienbedarf). Danach entscheidet sich nämlich auch die Gestaltung Ihres Ernährungsplanes.

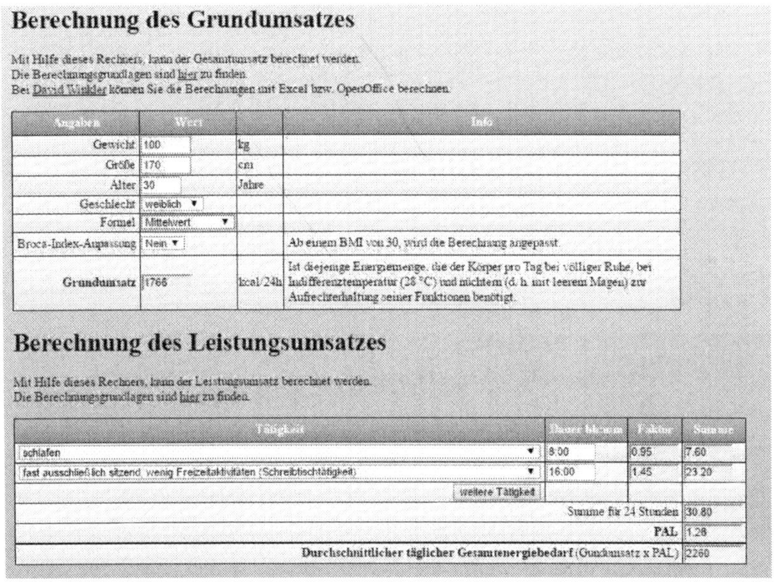

Berechnung des Grundumsatzes

Mit Hilfe dieses Rechners, kann der Gesamtumsatz berechnet werden.
Die Berechnungsgrundlagen sind hier zu finden.
Bei David Winkler können Sie die Berechnungen mit Excel bzw. OpenOffice berechnen.

Angaben	Wert		Info
Gewicht	100	kg	
Größe	170	cm	
Alter	30	Jahre	
Geschlecht	weiblich ▾		
Formel	Mittelwert ▾		
Broca-Index-Anpassung	Nein ▾		Ab einem BMI von 30, wird die Berechnung angepasst.
Grundumsatz	1766	kcal/24h	Ist diejenige Energiemenge, die der Körper pro Tag bei völliger Ruhe, bei Indifferenztemperatur (28 °C) und nüchtern (d. h. mit leerem Magen) zur Aufrechterhaltung seiner Funktionen benötigt.

Berechnung des Leistungsumsatzes

Mit Hilfe dieses Rechners, kann der Leistungsumsatz berechnet werden.
Die Berechnungsgrundlagen sind hier zu finden.

Tätigkeit	Dauer hh:mm	Faktor	Summe
schlafen ▾	8:00	0.95	7.60
fast ausschließlich sitzend, wenig Freizeitaktivitäten (Schreibtischtätigkeit) ▾	16:00	1.45	23.20
weitere Tätigkeit			
		Summe für 24 Stunden	30.80
		PAL	1.28
		Durchschnittlicher täglicher Gesamtenergiebedarf (Grundumsatz x PAL)	2260

Beispielberechnung der Internetseite:
http://diaethelfer.com/berechnung_grundumsatz_leistungsumsatz.jsp

Sie sollten damit beginnen, in einem 1-2 Wochen-Rhythmus zu denken. Je nach dem wofür Sie sich entschieden, bedeutet dies, dass Sie alle 1-2 Wochen eine Erfolgskontrolle durchführen. Dazu gehört neben dem Wiegen und dem Messe der Umfänge auch die Strategieüberprüfung und ggf. eine Änderung oder Anpassung des Ernährungsplans.

Das Einkaufen

Einkaufen gehört zu den alltäglichen Dingen des Lebens und bleibt natürlich auch bei einer Diät nicht aus. Jedoch sollte man während des Absolvierens einer Diät bewusster einkaufen und dieses am besten satt! Nichts ist schlimmer, als einen Supermarkt halb verhungert und mit knurrendem Magen zu betreten.

Jeder von uns kennt das, im Einkaufswagen landen neben den Dingen für den täglichen Bedarf, auch Sachen, die wirklich totaler „Schrott" sind, nur weil man in diesem Moment einen riesen Appetit darauf verspürte.

Oder wir schlendern in aller Ruhe durch Gänge, aus denen wir überhaupt nichts benötigen, könnten ja aber vielleicht noch etwas leckeres, aber leider auch sehr ungesundes finden, was dann fast schon aus reiner Langeweile den Weg in unseren Einkaufswagen findet. Und da wir diese Dinge zu Hause ja auch nicht einfach wegwerfen möchten, landen sie in unserem Magen und anschließend auf unseren Hüften.

Um diese fiese und auch total unnütze Situation zu umgehen, ist es wichtig, sich einen genauen Plan für mindestens 7 Tage zu erstellen. So wissen Sie genau, was

Sie benötigen und können sich beim Einkaufen ausschließlich auf diese Dinge konzentrieren.

Schreiben Sie sich in aller Ruhe auf, welche Zutaten Sie benötigen und auch nur diese werden gekauft. Vermeiden Sie die so „anziehenden“ Gänge mit Backwaren, Süßigkeiten oder Kartoffelchips!

Versuchen Sie, nur einmal in der Woche einzukaufen, das spart nicht nur Zeit und Geld, sondern ist auch für Ihren Diät-Erfolg von Vorteil.

Die Motivation

Durchhaltevermögen ist bei einer Diät das wichtigste, denn überschüssige Pfunde, die über Jahre angefuttert wurden, verschwinden leider nicht über Nacht. Doch leider ist das nicht immer so einfach und oft verfällt man in scine alten Ernährungsmuster.

Deshalb ist es wichtig, auf keinen Fall die Motivation zu verlieren und am Ball zu bleiben. Halten Sie sich immer wieder Ihr Ziel vor Augen, freuen Sie sich über Gewichtsverlust, egal wie klein er auch sein mag.

Sein Sie stolz auf das, was Sie schon erreicht haben, indem Sie sich daran erinnern, mit welchem Startgewicht Sie begonnen haben. Es gibt einige positive Dinge, mit denen man sich bei Laune halten kann.

Folgende Aspekte können Sie auf Ihrem Weg motivieren:

- haben Sie Ihr Ziel immer vor Augen
- erfreuen Sie sich über große, aber auch kleine Erfolge
- sein Sie stolz auf das, was Sie bereits abgenommen haben
- denken Sie daran, dass Sie sich und Ihrem Körper mit dem gewünschten Gewichtsverlust etwas Gutes tun und Ihre Gesundheit verbessern
- freuen Sie sich über Kleidungsstücke, die Ihnen mittlerweile zu groß geworden sind
- belohnen Sie sich, indem Sie z.B. ein neues Kleidungsstück kaufen
- gehen Sie Ihr Diätvorhaben gelassen und entspannt an, Stress führt zu Frustration
- bleiben Sie was die Gewichtsabnahme angeht realistisch
- bitten Sie Ihre Familie oder Freunde darum, Sie an schlechten Tage zu ermutigen und zu unterstützen

Was ist bei einer Eiweiß Diät zu beachten

- Um schnell und vor allem effektiv an Ihr Wunschgewicht zu gelangen und das Optimum aus einer Eiweiß Diät heraus zu holen, sollten Sie folgende Dinge beachten:
- Vergewissern Sie sich, dass Sie gesund sind und weder an Herz-Kreislauf-Erkrankungen oder Nierenschäden leiden, kontaktieren Sie im besten Fall vorab einen Mediziner Ihres Vertrauens
- wie bei jeder Diät gibt es auch bei der Eiweiß-Diät eine Liste der "verbotenen Lebensmittel", zu denen insbesondere zuckerhaltige Nahrungsmittel wie Süßigkeiten oder auch Alkohol gehören
- denken sie daran, stets ausreichend Flüssigkeit in Form von Wasser oder auch Kräutertee zu sich zunehmen, das hält nicht nur Ihren Flüssigkeitshaushalt im Gleichgewicht, sondern verhindert auch evtl. auftretende Verstopfungen sowie Kopfschmerzen
- bei einer Eiweiß Diät werden 5 Mahlzeiten am Tag gegessen, bestehend aus 3 Hauptmahlzeiten und 2 Zwischenmahlzeiten.
- Zwischen diesen Mahlzeiten sollte nicht länger als 3 Stunden pausiert werden, denn der Stoffwechsel soll auf „Dauerbetrieb laufen und braucht dafür etwas zu tun
- Verzehren Sie besonders am Abend eiweißhaltige Lebensmittel für einen intensiveren Stoffwechsel, z.B. in Form eines Eiweißshakes

Heißhunger-Attacken vermeiden

Abnehmen ist nicht immer leicht. Besonders, wenn man sich den ganzen Tag über bewusst und gesund ernährt, eventuell sogar Sport gemacht hat und dann von null auf hundert diesen unwiderstehlichen Drang nach Schokolade oder einer anderen Leckerei verspürt. Gönnt man sich dann auch nur ein Stück, wird es auch oft ein zweites und letztendlich die ganze Tafel.

Doch was kann man gegen plötzlich auftretenden Heißhunger machen, ohne auf ungesunde oder stark zuckerhaltige Lebensmittel zurückgreifen zu müssen? Die folgenden Punkte können Ihnen helfen, Heißhungerattacken zu vermieden bzw. Ihnen aufzuzeigen, welche Möglichkeiten Sie haben, Ihren Heißhunger zu stillen.

Heißhunger vorbeugen:

- Lassen Sie keine Ihrer Mahlzeiten aus.
- Essen Sie Ihre Mahlzeiten langsam und in Ruhe, dieses fördert das Sättigungsgefühl.
- Trinken sie mindestens 1,5 l - 2,0 l Wasser oder ungesüßten Tee am Tag.
- Vermeiden Sie Stress.
- Sorgen Sie für ausreichend Schlaf.

Möglichkeiten gegen Heißhunger:

- Gehen Sie dem Gefühl von Heißhunger nicht sofort nach, in der Regel dauert dieser nur eine Viertelstunde an und kann durch eine ablenkende Tätigkeit strategisch umgangen werden.
- Versuchen Sie Ihren Heißhunger mit dem kauen eines zuckerfreien Kaugummis zu verringern.
- Auch Zähneputzen ist ein guter Trick, sich vom Heißhunger abzulenken.
- Trinken Sie ein großes Glas Wasser oder ungesüßten Tee.
- Befriedigen Sie Ihren Drang mit einer Hand voll Nüssen.
- Trinken Sie ein kleines Glas fettarme Milch, verfeinert mit etwas Vanille oder Zimt.
- Auch ein kleines Glas fettarme Milch oder ggf. auch Mandelmilch, mit stark entöltem Kakaopulver und etwas Süßstoff, können wahre Wunder bewirken.
- Ebenfalls gut ist Kokosnusswasser mit einem Spritzer Zitrone.
- Reicht Ihnen etwas zu trinken nicht, hilft oft auch ein kleine Joghurt, unter Zugabe von etwas Zimt, Vanille, Zitrone oder einfach nur Süßstoff.

Fehler, die während einer Eiweiß Diät vermieden werden sollten

Um ein bestmögliches Ziel zu erreichen, versuchen Sie während einer Eiweiß Diät folgende Fehler zu vermeiden:

- Heißhunger
- Stress
- wenig Schlaf
- zu wenig trinken
- zu wenig Bewegung
- zu häufiges Wiegen
- den Abnehmerfolg anhand dem Ergebnis auf der Waage messen
- Auslassen einer Mahlzeit
- das „Diät-Wunder" erwarten
- Ablenkung beim Essen durch, Fernseher oder auch Smartphone
- den Teller leeressen, obwohl Sie satt sind
- unausgewogene Mahlzeiten

30-Tage-Ernährungsplan

Exotische Zutaten, aufwändige Rezepte, Kalorienzählerei – umso komplizierter und aufwändiger man es sich selbst macht, desto höher die Gefahr, dass eine Diät scheitert. Daher versuche ich, es relativ einfach zu halten.

Lediglich in der ersten Diätphase müssen Sie vielleicht etwas mehr Zeit investieren. Insbesondere dann, wenn jegliches Gefühl für Nährstoffe und Kalorienmengen von Lebensmitteln verloren gegangen ist muss man sich erst wieder „einarbeiten".

Der nachfolgende Diätplan besteht aus 90 Rezeptvorschlägen für die nächsten 30 Tage. Es warten einfache und schnelle, aber auch einige besondere Rezept-Ideen auf Sie, welche nie nach Herzenslust austauschen und kombinieren können, eventuell sogar müssen.

Denn Das Gewicht und der Körper eines jeden Einzelnen ist sehr unterschiedlich und benötigt daher auch unterschiedliche Mengen an Eiweiß. Deshalb empfehle ich Ihnen vor Beginn einer eiweißreichen Ernährung, Ihren täglichen Bedarf auszurechnen.

Der Diätplan besteht aus 3 Mahlzeiten, Frühstück, Mittagessen und Abendessen. Dazu sind täglich bis zu 2 Snacks/Zwischenmahlzeiten erlaubt. Anregungen für diese finden Sie im Anschluss an den Diätplan.

Zudem empfehle ich Ihnen, Ihre Nahrungsaufnahme und auch geleistete Aktivitäten zu „tracken“. Das bedeutet, Sie sollten zumindest in der Anfangsphase eine Art Diättagebuch führen, damit Sie den genauen Überblick behalten, was genau Sie am jeweiligen Tag gegessen oder auch getrunken haben.

Erfreulicher Weise muss man hierfür zur heuteigen Zeit nicht mehr zu Papier und Stift greifen, sondern kann eine der zahlreichen Ernährungs- und Fitness-Apps dafür nutzen.

Diese sind nicht nur in der Bedienung relativ einfach, sondern zeigen einem auch genau, was man gegessen hat, wie viele Kalorien, Kohlenhydrate, Eiweiße und Fette aufgenommen wurden.

Einige der Apps bieten dazu noch die Möglichkeit, unzählige Rezeptvorschläge für die jeweilige Ernährungsform (Eiweißhaltig, Low Carb, High Carb etc.) nutzen zu können.

Empfehlungen für einiger dieser Apps finden Sie im Abschnitt „**Hilfreiches Zubehör**“.

TAG 1

Frühstück: Schinken-Rührei mit Tomate

Zutaten für 1 Portion

Zutaten:

- 2 Eier (M)
- 1 Tomate (100 g)
- 1 Scheibe gekochter Schinken
- Öl
- Salz, Pfeffer

Schwierigkeitsgrad:	**einfach**
Zubereitungszeit:	**ca. 15 min.**
Portionsgröße:	**1**

Zubereitung:

1. Den gekochten Schinken und die Tomate in Würfel schneiden.
2. Das Ei zusammen mit Salz und Pfeffer verquirlen und anschließend mit den Tomaten- und Schinkenwürfel vermengen.
3. Etwas Öl in einer Pfanne erhitzen, die Eiermasse hinzugeben und unter Rühren stocken lassen.

Nährwerte für 1 Portion	
Kalorien	229 kcal
Fett	15,9 g
Kohlenhydrate	4,8 g
Eiweiß	16,2 g

Mittagessen: Grüner Spargel mit Rührei

Zutaten für 1 Portion

Zutaten:

- 250 g grüner Spargel
- 2 Eier
- 60 g Hähnchenbrust-Aufschnitt, geräuchert
- 1 EL Ajvar
- ½ EL Olivenöl
- 1 Prise Xucker Light
- Salz, Pfeffer

Schwierigkeitsgrad:	**einfach**
Zubereitungszeit:	**ca. 25 min.**
Portionsgröße:	**1**

Zubereitung:

1. Die Eier mit einer Prise Salz, Pfeffer und dem Ajvar verquirlen.
2. Den Hähnchenbrust-Aufschnitt in breitere Streifen schneiden.
3. Den Spargel waschen, das untere Drittel schälen und die Enden abschneiden.
4. In einer beschichteten Pfanne das Olivenöl erhitzen. Den Spargel für etwa 10 Minuten rundherum anbraten und anschließend mit einer Prise Salz, Pfeffer und Xucker Light würzen. Herausnehmen und warm halten.
5. Nun die verquirlten Eier in die Pfanne geben und unter Rühren stocken lassen.
6. Das fertige Rührei zusammen mit dem grünen Spargel und den Hähnchenbruststreifen auf einem Teller anrichten und genießen.

Nährwerte für 1 Portion	
Kalorien	321 kcal
Fett	17,0 g
Kohlenhydrate	14,3 g
Eiweiß	31,7 g

Abendessen: Tomaten-Käse-Salat

Zutaten für 1 Portion

Zutaten:

- 60 g rote Cocktailtomaten
- 60 g gelbe Cocktailtomaten
- 50 g Harzer Käse
- 1 EL Natur Joghurt (1,5 %)
- ½ EL Schmand
- ¼ TL Senf
- Salz, Pfeffer, Paprikapulver

Schwierigkeitsgrad:	**einfach**
Zubereitungszeit:	**ca. 10 min.**
Portionsgröße:	**1**

Zubereitung:

1. Die Tomaten waschen du vierteln. Den Käse in kleine Würfel schneiden. Beides in eine kleine Schüssel geben und vermengen.
2. Joghurt, Schmand, Senf, Salz, Pfeffer und Paprikapulver miteinander verrühren.
3. Tomaten, Käsewürfel und das Dressing gut verrühren und anschließen für etwa 30 Minuten im Kühlschrank ziehen lassen.

Tipp: Wer keinen Harzer Käse mag, kann hier auch Mini-Mozzarella verwenden, beides ist wirklich lecker.

Nährwerte für 1 Portion	
Kalorien	133 kcal
Fett	3,5 g
Kohlenhydrate	6,2 g
Eiweiß	18,4 g

TAG 2

Frühstück: Vanille-Himbeer-Shake

Zutaten für 1 Portion

Zutaten:

- 200 ml Milch (1,5 %)
- 20 g Eiweißpulver, Vanille
- 50 g Himbeeren, TK o. frisch

Schwierigkeitsgrad:	**einfach**
Zubereitungszeit:	**ca. 5 min.**
Portionsgröße:	**1**

Zubereitung:

1. Die Himbeeren ggf. auftauen lassen.
2. Alle Zutaten in einen Mixbecher bzw. einen Blender geben und fein Pürieren.

Nährwerte für 1 Portion	
Kalorien	191 kcal
Fett	3,5 g
Kohlenhydrate	13,0 g
Eiweiß	24,7 g

Mittagessen: Gegrillter Rotbarsch

Zutaten für 1 Portion

Zutaten:

- 200 g Rotbarschfilet
- 50 g Skyr Naturjoghurt, (0,2 %Fett)
- 1 Stück Ingwer (ca. 3 g)
- ½ EL Currypaste
- ½ EL Öl
- Einige Spritzer Limettensaft
- Salz, Pfeffer

Schwierigkeitsgrad:	**einfach**
Zubereitungszeit:	**ca. 45 min.**
Portionsgröße:	**1**

Zubereitung:

1. Den Ingwer fein reiben, in eine Schüssel geben und zusammen mit dem Joghurt und der Currypaste verrühren.
2. Das gesäuberte Rotbarschfilet in den Joghurt legen und zugedeckt für etwa 30 Minuten ziehen lassen.
3. Nach dem Marinieren das Fischfilet mit Salz und Pfeffer würzen.
4. In einer leicht gefetteten Grillpfanne von beiden Seiten jeweils 2-3 Minuten grillen. Auf einen Teller geben, nach Belieben mit Limettensaft beträufeln und genießen.

Nährwerte für 1 Portion	
Kalorien	279 kcal
Fett	10,1 g
Kohlenhydrate	2,6 g
Eiweiß	43,0 g

Abendessen: Hüttenkäse mit Thunfisch & Leinsamen

Zutaten für 1 Portion

Zutaten:

- 200 g Hüttenkäse (0,4 % Fett)
- 50 g Thunfisch, im eig. Saft
- 20 g Leinsamen, geschrotet
- 1 EL Schnittlauch
- 1 EL Olivenöl

Schwierigkeitsgrad:	**einfach**
Zubereitungszeit:	**ca. 15 min.**
Portionsgröße:	**1**

Zubereitung:

1. Den Schnittlauch in feine Röllchen schneiden.
2. Alle Zutaten in eine kleine Schüssel geben, mit Salz und Pfeffer würzen und gut miteinander vermengen.

Tipp: Sie können natürlich auch weitere Gewürze benutzen, ganz nach Ihrem Belieben.

Nährwerte für 1 Portion	
Kalorien	442 kcal
Fett	21,5 g
Kohlenhydrate	10,2 g
Eiweiß	46,7 g

TAG 3

Frühstück: Eiweißbrot mit Gemüsequark

Zutaten für 1 Portion

Zutaten:

- 1 Scheibe Eiweißbrot (z.B. Mestemacher)
- 20 g Magerquark
- 30 g Skyr Naturjoghurt (0,2 % Fett)
- 50 g Salatgurke
- 1 Scheibe Lachsschinken
- 2 Radieschen
- 20 g Sprossen
- 1 EL Mineralwasser mit Kohlensäure
- Salz, Pfeffer

Schwierigkeitsgrad:	**einfach**
Zubereitungszeit:	**ca. 15 min.**
Portionsgröße:	**1**

Zubereitung:

1. Den Quark mit dem Mineralwasser in eine kleine Schüssel geben, mit Salz und Pfeffer würzen und glatt rühren.
2. Gurke waschen und raspeln. Die Radieschen ebenfalls waschen und in feine Scheiben schneiden. Die Sprossen abspülen und abtropfen lassen.
3. Das Gemüse zum Quark geben, alles gut verrühren.
4. Das Knäckebrot mit Lachsschinken und Quark belegen und genießen

Nährwerte für 1 Portion	
Kalorien	207 kcal
Fett	7,3 g
Kohlenhydrate	8,5 g
Eiweiß	22,2 g

Mittagessen: Rucola Salat mit Pute & Erdbeeren

Zutaten für 1 Portion

Zutaten:

- 100 g Putenbrust
- 75 g Erdbeeren
- 50 g Endiviensalat
- 20 g Rucola
- 75 g Feta-Käse
- ½ TL Schnittlauch, in Röllchen
- ½ TL Petersilie, gehackt
- 1 Prise Xucker Light
- 1 EL Zitronensaft
- 2 TL Sonnenblumenöl
- Salz, Pfeffer

Schwierigkeitsgrad:	**einfach**
Zubereitungszeit:	**ca. 25 min.**
Portionsgröße:	**1**

Zubereitung:

1. Für das Dressing die gehackte Petersilie, die Schnittlauchröllchen, Salz, Pfeffer, eine Prise Xucker Light und den Zitronensaft miteinander verrühren. Als letztes unter ständigem Rühren 1 TL Öl hinzugeben.
2. Den Salat waschen, trocken schütteln und in mundgerechte Stücke zupfen. Erdbeeren waschen und in Scheiben schneiden. Fetakäse in Würfel schneiden und die Putenbrust in Streifen schneiden.
3. Das restliche Öl in einer Pfanne erhitzen, die Putenstreifen dazu geben und für etwa 4 Minuten rundherum anbraten. Anschließend mit Salz und Pfeffer würzen.
4. Den Salat zusammen mit den Erdbeeren und den Putenstreifen in eine Schüssel geben, mit dem Dressing übergießen, gut durchrühren und genießen.

Nährwerte für 1 Portion	
Kalorien	361 kcal
Fett	18,4 g
Kohlenhydrate	6,6 g
Eiweiß	40,6 g

Abendessen: Thunfischsalat mit Ei & Kapern

Zutaten für 1 Portion

Zutaten:

- 100 g Thunfisch, im eigenen Saft
- 2 Eier (M)
- 50 g Endiviensalat
- 1 TL Kapern
- ½ Lauchzwiebel
- ½ TL Senf
- 1 EL Öl
- 1 TL Honig
- 1 EL Weinessig
- Salz, Pfeffer

Schwierigkeitsgrad:	**einfach**
Zubereitungszeit:	**ca. 20 min.**
Portionsgröße:	**1**

Zubereitung:

1. Die Eier hartkochen und die Kapern fein hacken.
2. Für das Dressing Essig, Honig, Senf, Salz und Pfeffer miteinander verrühren und währenddessen langsam das Öl dazu geben.
3. Den Salat putzen und in mundgerechte Stücke schneiden oder zupfen. Die Lauchzwiebel putzen und in feine Ringe schneiden.
4. Die fertigen Eier pellen und halbieren, zusammen mit dem Salat, dem Thunfisch, der Lauchzwiebel und den Kapern auf einem Teller anrichten, das Dressing darüber geben und genießen.

Nährwerte für 1 Portion	
Kalorien	454 kcal
Fett	27,4 g
Kohlenhydrate	7,5 g
Eiweiß	41,6 g

TAG 4

Frühstück: Kiwi-Joghurt

Zutaten für 1 Portion

Zutaten:

- 150 g Skyr Natur Joghurt (0,2 % Fett)
- 50 g Kiwi
- 1EL Chia Samen
- Xucker Light oder Süßstoff nach Bedarf

Schwierigkeitsgrad:	**einfach**
Zubereitungszeit:	**ca. 15 min.**
Portionsgröße:	**1**

Zubereitung:

1. Die Kiwi schälen, in Scheiben schneiden und diese anschließend vierteln.
2. Den Joghurt zusammen mit den Kiwi-Scheiben und den Sonnenblumenkernen verrühren und nach Belieben süßen.

Nährwerte für 1 Portion	
Kalorien	187 kcal
Fett	5,4 g
Kohlenhydrate	11,6 g
Eiweiß	18,7 g

Mittagessen: Chili con Carne mit Pute

Zutaten für 1 Portion

Zutaten:

- 100 g Putengehacktes
- 125 g passierte Tomaten
- 50 g Zwiebel
- 1 EL Mais
- 1 EL Kidneybohnen
- 1 TL Öl
- 1 TL Gemüsebrühe, instant
- Salz, Chilipulver, Cayennepfeffer

Schwierigkeitsgrad:	**einfach**
Zubereitungszeit:	**ca. 20 min.**
Portionsgröße:	**1**

Zubereitung:

1. Zwiebel schälen und fein würfeln.
2. Öl in eine heiße Pfanne geben, Zwiebeln und das Gehackte dazu geben und unter Rühren anbraten.
3. Anschließend die passierten Tomaten, den Mais, die Kidneybohnen und die Instantbrühe hinzufügen, kurz aufkochen lassen und mit Chili und Cayennepfeffer würzen.
4. Nach Belieben ggf. nochmal mit Salz abschmecken.

Nährwerte für 1 Portion	
Kalorien	294 kcal
Fett	15,3 g
Kohlenhydrate	13,6 g
Eiweiß	23,0 g

Abendessen: Gurkensalat mit Aufschnitt

Zutaten für 1 Portion

Zutaten:

- 100 g Roastbeef
- 50 g Hähnchenbrust, geräuchert
- ½ Gurke
- ½ Zwiebel
- 1 EL Essig
- ½ EL Wasser
- 2 EL Öl
- 1 Prise Xucker Light
- Salz, Pfeffer, Dill

Schwierigkeitsgrad:	**einfach**
Zubereitungszeit:	**ca. 15 min.**
Portionsgröße:	**1**

Zubereitung:

1. Zwiebel in feine Würfel schneiden. Die Gurke schälen und in feine Scheiben hobeln.
2. Gurkenscheiben und Zwiebelwürfel zusammen mit Essig, Wasser, Salz, Pfeffer, einer Prise Xucker Light, Dill und dem Öl vermengen und etwa 10 Minuten ziehen lassen.
3. Gurkensalat zusammen mit dem Bratenaufschnitt auf einem Teller anrichten und genießen.

Nährwerte für 1 Portion	
Kalorien	343 kcal
Fett	19,7 g
Kohlenhydrate	6,2 g
Eiweiß	34,1 g

TAG 5

Frühstück: Ei mit Hüttenkäse & Gemüse

Zutaten für 1 Portion

Zutaten:

- 2 Eier (M)
- 200 g Hüttenkäse, fettarm
- 100 g Tomaten
- 100 g Gurke
- 4 Oliven

Schwierigkeitsgrad:	**einfach**
Zubereitungszeit:	**ca. 15 min.**
Portionsgröße:	**1**

Zubereitung:

1. Die Eier hartkochen.
2. Gurke und Tomate waschen. Die Tomate achteln. Die Gurke würfeln und mit dem Hüttenkäse vermengen, nach Belieben mit Salz und Pfeffer würzen.
3. Die hartgekochten Eier, die Tomatenspalten, den Frischkäse und die Oliven auf einen Teller geben, ggf. mit Salz und Pfeffer würzen und genießen.

Nährwerte für 1 Portion	
Kalorien	403 kcal
Fett	17,1 g
Kohlenhydrate	15,7 g
Eiweiß	44,2 g

Mittagessen: Thunfisch mit Gemüse

Zutaten für 1 Portion

Zutaten:

- 1 Thunfischfilet (200 g)
- 50 g Brokkoli
- 50 g Blumenkohl
- 50 g Karotte
- 1 TL Butter
- 1 TL Öl
- Salz, Pfeffer, Xucker Light

Schwierigkeitsgrad:	**einfach**
Zubereitungszeit:	**ca. 25 min.**
Portionsgröße:	**1**

Zubereitung:

- Das Gemüse waschen bzw. säubern. Brokkoli und Blumenkohl in Röschen schneiden, die Karotte schälen und in Scheiben schneiden.
- Das Thunfischfilet säubern, trockentupfen und mit Salz und Pfeffer würzen.
- In einem Topf mit leicht gesalzenem Wasser, das Gemüse bissfest garen.
- Währenddessen das Öl in eine heiße Pfanne geben und das Thunfischfilet von beiden Seiten jeweils etwa 4-6 Minuten (je nach Dicke und Geschmack) braten.
- Das fertige Gemüse abgießen, die Butter dazu geben und mit einer Prise Salz, Pfeffer und Xucker Light würzen.
- Thunfischfilet und Gemüse auf einem Teller anrichten und genießen.

Nährwerte für 1 Portion	
Kalorien	651 kcal
Fett	45,2 g
Kohlenhydrate	5,6 g
Eiweiß	55,2 g

Abendessen: Vanille-Protein-Shake

Zutaten für 1 Portion

Zutaten:

- 30 g Eiweißpulver, Vanille
- 50 ml Milch (1,5 %)
- 150 ml Wasser
- 1 EL Chia Samen
- Xucker Light oder Süßstoff nach Belieben.

Schwierigkeitsgrad:	**einfach**
Zubereitungszeit:	**ca. 15 min.**
Portionsgröße:	**1**

Zubereitung:

1. Milch, Wasser, Chia Samen und Eiweißpulver in einen Mixbecher geben und fein pürieren.
2. In ein Schälchen geben, etwa 10 Minuten ziehen lassen und genießen.

Nährwerte für 1 Portion	
Kalorien	205 kcal
Fett	6,0 g
Kohlenhydrate	4,6 g
Eiweiß	30,7 g

TAG 6

Frühstück: Apfel-Zimt-Protein-Quark

Zutaten für 1 Portion

Zutaten:

- 1 EL Haferflocken
- 100 g Magerquark
- 10 g Eiweißpulver, Zimt
- 1 EL Apfelmus, ohne Zuckerzusatz
- 20 g Haselnüsse, gehackt

Schwierigkeitsgrad:	**einfach**
Zubereitungszeit:	**ca. 15 min.**
Portionsgröße:	**1**

Zubereitung:

1. Alle Zutaten in eine kleine Schüssel geben, gut miteinander vermengen und genießen.

Nährwerte für 1 Portion	
Kalorien	275 kcal
Fett	13,7 g
Kohlenhydrate	14,7 g
Eiweiß	23,3 g

Mittagessen: Rumpsteak mit Salat

Zutaten für 1 Portion

Zutaten:

- 1 Rumpsteak (180 g)
- 40 g Champignons
- 50 g Feldsalat
- 30 g Rucola
- 25 g Avocado
- 4 Cocktailtomaten
- 1 Knoblauchzehe
- 1 EL Skyr Natur Joghurt (0,2 % Fett)
- 1 Spritzer Zitronensaft
- 3 EL fettarme Milch
- 1 TL Öl
- Salz, Pfeffer

Schwierigkeitsgrad:	**einfach**
Zubereitungszeit:	**ca. 25 min.**
Portionsgröße:	**1**

Zubereitung:

1. Den Feldsalat und den Rucola waschen, trocknen und in eine Schüssel geben.
2. Tomaten waschen und vierteln. Champignons putzen und in feine Scheiben schneiden. Zusammen mit dem Salat in eine kleine Schüssel geben und vermengen.
3. Das Avocadofruchtfleisch in grobe Stücke schneiden und zusammen mit dem Joghurt, der Milch, dem Zitronensaft und Knoblauch fein Pürieren und mit Salz und Pfeffer würzen.
4. Das Rumpsteak von beiden Seiten mit Salz und Pfeffer würzen. Das Öl in einer Pfanne erhitzen und das Rumpsteak von beiden Seiten jeweils etwa 3 Minuten braten.
5. Das fertige Steak zusammen mit dem Salat auf einem Teller anrichten, das Dressing über den Salat geben und genießen.

Nährwerte für 1 Portion	
Kalorien	391 kcal
Fett	17,7 g
Kohlenhydrate	7,1 g
Eiweiß	48,4 g

Abendessen: Eiweiß-Kick mit Zitrone

Zutaten für 1 Portion

Zutaten:

- 250 g Magerquark
- 2 Eiweiß
- 2 EL Zitronensaft
- Xucker Light oder Süßstoff nach Bedarf

Schwierigkeitsgrad:	**einfach**
Zubereitungszeit:	**ca. 15 min.**
Portionsgröße:	**1**

Zubereitung:

1. Das Eiweiß steif schlagen.
2. Den Magerquark zusammen mit dem Zitronensaft cremig rühren und nach Belieben süßen.
3. Anschließend das aufgeschlagene Eiweiß unter den Quark heben und genießen.

Tipp: Den „Eiweiß-Kick" können Sie nach Belieben abändern und ihm durch Gewürze wie Zimt oder Vanille, oder auch durch das zugeben von verschiedenen FlavDrops immer wieder einen neuen Geschmack verleihen.

Nährwerte für 1 Portion	
Kalorien	208 kcal
Fett	0,7 g
Kohlenhydrate	11,8 g
Eiweiß	37,5 g

TAG 7

Frühstück: Eiweißbrot mit Schinken, Käse & Tomate

Zutaten für 1 Portion

Zutaten:

- 1 Scheibe Eiweißbrot (z.B. Mestemacher)
- 50 g Edamer (30 % Fett)
- 2 Scheiben gekochter Schinken (etwa 35 g)
- 1 Tomate

Schwierigkeitsgrad:	**einfach**
Zubereitungszeit:	**ca. 5 min.**
Portionsgröße:	**1**

Zubereitung:

1. Das Eiweißbrot zusammen mit Schinken, Käse und Tomate auf einem Teller anrichten und genießen.

Nährwerte für 1 Portion	
Kalorien	308 kcal
Fett	16,6 g
Kohlenhydrate	9,4 g
Eiweiß	29,4 g

Mittagessen: Kabeljau mit Mandel-Kruste

Zutaten für 1 Portion

Zutaten:

- 150 g Kabeljau
- 20 g Parmesan, gerieben
- 10 g Mandelblättchen
- 1 TL frischer Thymian, gehackt
- 1 TL Frische Petersilie, gehackt
- 1 TL Zitronensaft
- 1 TL Öl
- Salz, Pfeffer

Schwierigkeitsgrad:	**einfach**
Zubereitungszeit:	**ca. 20 min.**
Portionsgröße:	**1**

Zubereitung:

1. Den Backofen auf 200°C Umluft oder 220°C Ober-/Unterhitze vorheizen.
2. Den Thymian zusammen mit der Petersilie, dem Parmesan und den Mandelblättchen in eine kleine Schüssel geben und gut miteinander vermengen.
3. Den Kabeljau säubern, trocken tupfen, mit Zitronensaft beträufeln und mit Salz und Pfeffer würzen.
4. Das Öl in einer Pfanne erhitzen und den Fisch unter Wenden von beiden Seiten etwa 3 Minuten anbraten.
5. Anschließend in eine kleine Auflaufform legen mit der Mandel-Kräuter-Masse bedecken und im vorgeheizten Backofen, auf oberster Schiene nochmal etwa 5 Minuten backen.

Nährwerte für 1 Portion	
Kalorien	251 kcal
Fett	11,3 g
Kohlenhydrate	2,2 g
Eiweiß	35,2 g

Abendessen: Miso-Suppe mit Tofu

Zutaten für 1 Portion

Zutaten:

- 100 g Räuchertofu
- 10 g frischer Ingwer
- ½ Frühlingszwiebel
- 10 g Miso
- ½ EL Sesam
- 1 TL Sesamöl
- ½ EL Teriyaki-Sauce
- 250 ml Hühnerbrühe
- ½ EL helle Sojasauce
- Salz, Pfeffer

Schwierigkeitsgrad:	**einfach**
Zubereitungszeit:	**ca. 40 min.**
Portionsgröße:	**1**

Zubereitung:

- Den Räuchertofu trockentupfen, in Würfel schneiden und in eine Schüssel geben.
- Den Ingwer schälen und die Hälfte fein reiben. Zusammen mit dem Sesamöl und der Teriyaki-Sauce über die Tofuwürfel geben, gut vermengen und für 20 Minuten im Kühlschrank ziehen lassen.
- In der Zwischenzeit den restlichen Ingwer in feine Stifte schneiden. Die Frühlingszwiebel säubern, waschen und schräg in dünne Scheiben schneiden.
- Den Sesam in eine Pfanne ohne Fett geben und bei mittlerer Hitze goldbraun rösten. Anschließend vom Herd nehmen und beiseite stellen.
- Die Tofuwürfel aus der Marinade nehmen und etwas Trockentupfen. In einer heißen Pfanne rundherum anbraten und beiseite stellen.
- Die Hühnerbrühe in einen Topf geben und aufkochen, Miso dazugeben und unter Rühren auflösen.
- Nun die Tofuwürfel zusammen mit den Ingwerstreifen und der kleingeschnittenen Frühlingszwiebel in eine Suppenschüssel oder einen tiefen Teller geben. Die Miso-Brühe darüber gießen, mit Sojasauce würzen und mit Sesam bestreuen.

Nährwerte für 1 Portion	
Kalorien	334 kcal
Fett	21,7 g
Kohlenhydrate	11,3 g
Eiweiß	22,2 g

TAG 8

Frühstück: Heidelbeer-Vanille-Quark

Zutaten für 1 Portion

Zutaten:

- 60 g Magerquark
- 60 g Skyr Naturjogurt (0,2 % Fett)
- 150 g Heidelbeeren
- 10 g Eiweißpulver, Blueberry Cheese Cake
- 1 Vanilleschote
- Xucker Light oder Süßstoff nach Belieben

Schwierigkeitsgrad:	**einfach**
Zubereitungszeit:	**ca. 10 min.**
Portionsgröße:	**1**

Zubereitung:

1. Joghurt und Quark miteinander verrühren.
2. Die Hälfte der Heidelbeeren fein pürieren, den Rest halbieren.
3. Das Vanillemark aus der Schote kratzen und zum Quark geben. Den Quark nach Belieben süßen.
4. Quark, Heidelbeerpüree und Heidelbeeren nach Belieben schichten und genießen.

Nährwerte für 1 Portion	
Kalorien	179 kcal
Fett	1,3 g
Kohlenhydrate	17,4 g
Eiweiß	22,8 g

Mittagessen: Kräuter-Omelett mit weißem Spargel

Zutaten für 1 Portion

Zutaten:

- 250 g weißer Spargel
- 2 Eier (M)
- ½ TL Petersilie, gehackt
- ½ TL Kerbel, gehackt
- 2 Blätter Basilikum, gehackt
- 1 TL Schnittlauch, in Röllchen
- 5 g Butter
- Salz, Pfeffer, Xucker Light

Schwierigkeitsgrad:	**einfach**
Zubereitungszeit:	**ca. 15 min.**
Portionsgröße:	**1**

Zubereitung:

1. Den Spargel waschen, schälen und die holzigen Enden großzügig abschneiden.
2. In einem Topf mit reichlich Wasser, einer Prise Salz und Xucker Light etwa 10 Minuten bissfest garne. Anschließend herausheben und warmhalten.
3. Die Eier mit 2 EL Spargel Wasser, Salz und Pfeffer verquirlen. Die Kräuter hinzufügen und nochmal gut durchrühren.
4. Die Butter in einer Pfanne schmelzen, die Eiermasse hinzugeben und bei mittlerer Hitze stocken lassen. Sobald die Oberseite stockt, das Omelett wenden und kurz zu Ende garen.
5. Auf einem Teller gefaltet zusammen mit dem Spargel anrichten.

Tipp: Wer es etwas ansehnlicher mag, kann die Spargelstangen auch in dem fertigen Omelett einwickeln.

Nährwerte für 1 Portion	
Kalorien	242 kcal
Fett	14,7 g
Kohlenhydrate	6,9 g
Eiweiß	18,3 g

Abendessen: Grüner Salat mit Lachs-Quark

Zutaten für 1 Portion

Zutaten:

- 100 g Räucherlachs
- 50 g Magerquark
- 25 g Lollo Bionda
- 25g Feldsalat
- 1 TL frischer Dill, gehackt
- 2 EL Dijon-Senf
- Pfeffer

Schwierigkeitsgrad:	**einfach**
Zubereitungszeit:	**ca. 15 min.**
Portionsgröße:	**1**

Zubereitung:

1. Feldsalat und Lollo Bionda waschen, trocken schütteln und in mundgerechte Stücke zupfen oder schneiden. Anschließend auf einem Teller anrichten.
2. Den Räucherlachs fein hacken, zusammen mit dem Quark, dem Senf und dem Dill in eine kleine Schüssel geben und gut verrühren. Mit schwarzem Pfeffer würzen und auf dem Salat anrichten.

Tipp: Der Lachs-Quark schmeckt auch in Kombination mit Eisbergsalat oder Rucola sehr gut.

Nährwerte für 1 Portion	
Kalorien	362 kcal
Fett	17,5 g
Kohlenhydrate	8,5 g
Eiweiß	41,7 g

TAG 9

Frühstück: Grüner Quark-Smoothie

Zutaten für 1 Portion

Zutaten:

- 200 g Baby Spinat
- 80 g Erdbeeren
- 100 g Magerquark
- 1 EL Haferflocken
- 100 ml Milch
- Ca. 150 ml Wasser
- Xucker Licht oder Süßstoff nach Bedarf

Schwierigkeitsgrad:	**einfach**
Zubereitungszeit:	**ca. 5 min.**
Portionsgröße:	**1**

Zubereitung:

1. Den Spinat grob hacken.
2. Alle Zutaten in einen Blender oder Mixbecher geben und für etwa 2 Minuten fein pürieren.
3. Nach Bedarf evtl. noch etwas Wasser hinzugeben und genießen.

Nährwerte für 1 Portion	
Kalorien	214 kcal
Fett	3,4 g
Kohlenhydrate	22,5 g
Eiweiß	22,5 g

Mittagessen: Frikadelle mit Rucola-Tomaten-Salat

Zutaten für 1 Portion

Zutaten:

- 100 g mageres Rinderhackfleisch
- 40 g Zwiebel
- 3 Tomaten
- 25 g Rucola
- 1 Ei (M)
- 1 TL Petersilie, gehackt
- 1 TL Senf
- 1 EL Essig
- 2 TL Öl
- 1 Prise Xucker Light
- Salz, Pfeffer, Paprikapulver

Schwierigkeitsgrad:	**einfach**
Zubereitungszeit:	**ca. 25 min.**
Portionsgröße:	**1**

Zubereitung:

1. Die Zwiebel fein würfeln und die Petersilie fein hacken. Tomaten waschen, den Strunk entfernen und achteln.
2. Die Hälfte der Zwiebeln in eine Schüssel geben und zusammen mit der Petersilie, dem Rinderhackfleisch, dem Senf, Ei, Salz Pfeffer und etwas Paprikapulver vermengen. Frikadellen in beliebiger Größe formen.
3. 1 TL Öl in einer Pfanne erhitzen und die vorgeformten Frikadellen für etwa 8-10 Minuten von beiden Seiten braten.
4. Währenddessen die Tomaten mit den restlichen Zwiebeln, dem Rucola, Essig, dem restlichen Öl, Salz, Pfeffer und einer Prise Xucker Light verrühren.
5. Die fertigen Frikadellen zusammen mit dem Tomatensalat anrichten und genießen.

Nährwerte für 1 Portion	
Kalorien	356 kcal
Fett	18,5 g
Kohlenhydrate	12,9 g
Eiweiß	32,4 g

Abendessen: Grüner Salat mit Thunfisch & Ei

Zutaten für 1 Portion

Zutaten:

- 1 Dose Thunfisch, im eig. Saft
- 1 Ei, hartgekocht
- 100 g Eisbergsalat
- 40 g Zwiebel,
- 60 g Cherrytomaten
- 2 EL Skyr Natur Joghurt (0,2 % Fett)
- ½ EL Essig
- 1 TL Senf
- Salz, Pfeffer, Xucker Light, Oregano, Basilikum

Schwierigkeitsgrad:	**einfach**
Zubereitungszeit:	**ca. 15 min.**
Portionsgröße:	**1**

Zubereitung:

1. Den Thunfisch abtropfe lassen.
2. Den Salat waschen, trocknen und in mundgerechte Stücke zupfen oder schneiden. Zwiebel in Ringe schneiden und die Tomaten halbieren. Das hartgekochte Ei vierteln. Zusammen mit dem Thunfisch auf einem Teller anrichten.
3. Für das Dressing den Joghurt mit Essig, Senf und den Gewürzen verrühren, über den Salat geben und genießen.

Nährwerte für 1 Portion	
Kalorien	308 kcal
Fett	7,4 g
Kohlenhydrate	8,4 g
Eiweiß	51,3 g

TAG 10

Frühstück: Bananen-Protein-Joghurt mit Haferflocken

Zutaten für 1 Portion

Zutaten:

- 2 EL Haferflocken
- 20 g Eiweißpulver, Banane
- 150 g Skyr Natur Joghurt (0,2 % Fett)
- 50 g Banane
- Zimt nach Belieben

Schwierigkeitsgrad:	**einfach**
Zubereitungszeit:	**ca. 5 min.**
Portionsgröße:	**1**

Zubereitung:

1. Die Banane in dünne Scheiben schneiden.
2. Den Joghurt in eine Schüssel geben und mit dem Eiweißpulver verrühren
3. Haferflocken und Bananenscheiben dazu geben und gut vermengen.
4. Nach Belieben mit Zimt bestreuen und genießen.

Nährwerte für 1 Portion	
Kalorien	286 kcal
Fett	6,9 g
Kohlenhydrate	28,7 g
Eiweiß	34,2 g

Mittagessen: Blumenkohlpüree mit Räuchertofu

Zutaten für 1 Portion

Zutaten:

- 300 g Blumenkohl
- 100 g Räuchertofu
- 40 g Zwiebel
- 200 ml Milch (1,5 % Fett)
- ½ Knoblauchzehe
- 1 TL Olivenöl
- 1 TL frischer Ingwer, gerieben
- 1 Prise Kurkuma
- 1 Prise Kreuzkümmel
- Salz, Muskat

Schwierigkeitsgrad:	**einfach**
Zubereitungszeit:	**ca. 15 min.**
Portionsgröße:	**1**

Zubereitung:

1. Den Blumenkohl in Röschen schneiden. Zwiebel und Knoblauch fein würfeln. Den Räuchertofu
2. Das Öl in einer beschichteten Pfanne erhitzen, Zwiebel, den geriebenen Ingwer und den Knoblauch hineingeben und glasig anschwitzen (sie sollten dabei so gut wie keine Farbe annehmen).
3. Anschließend den Blumenkohl dazu geben und mit der Milch aufgießen. Mit Kurkuma, Kreuzkümmel, Muskat und Salz würzen und für etwa 5-10 Minuten leicht köcheln lassen. Dabei immer wieder umrühren!
4. Wenn der Blumenkohl relativ bissfest ist, alles mit einem Pürierstab fein pürieren, den Räuchertofu hinzufügen und kurz erwärmen. Bei Bedarf noch einmal mit Salz abschmecken.

Nährwerte für 1 Portion	
Kalorien	402 kcal
Fett	18,1 g
Kohlenhydrate	20,3 g
Eiweiß	32,7 g

Abendessen: Zucchini-Gurken-Sticks mit Dip

Zutaten für 1 Portion

Zutaten:

- 200 g Magerquark
- 40 g rote Paprika
- 40 g Zwiebel
- 100 g Zucchini
- 100 g Gurke
- 1 EL Basilikum, gehackt
- ½ kleine Knoblauchzehe
- 1-2 EL Mineralwasser
- Salz, Pfeffer

Schwierigkeitsgrad:	**einfach**
Zubereitungszeit:	**ca. 10 min.**
Portionsgröße:	**1**

Zubereitung:

1. Die Zucchini und die Gurke in Sticks schneiden.
2. Den Quark mit dem Mineralwasser glatt rühren.
3. Paprika und Zwiebeln sehr fein würfeln und zusammen mit dem Quark, Basilikum, Salz und Pfeffer verrühren.
4. Die Zucchini- und Gurken-Sticks zusammen mit dem Dip genießen.

Tipp: Wer Zucchini und Gurke nicht mag, kann diese natürlich durch andres Gemüse ersetzen.

Nährwerte für 1 Portion	
Kalorien	200kcal
Fett	1,4 g
Kohlenhydrate	18,1 g
Eiweiß	27,7 g

TAG 11

Frühstück: Zitronen-Quark

Zutaten für 1 Portion

Zutaten:

- 250 g Magerquark
- 1 Ei
- 1 TL Zitronensaft
- etwas Zitronenabrieb
- 1 Prise Salz
- Xucker Light oder Süßstoff nach Bedarf

Schwierigkeitsgrad:	**einfach**
Zubereitungszeit:	**ca. 10 min.**
Portionsgröße:	**1**

Zubereitung:

1. Das Ei trennen. Das Eiweiß zusammen mit einer Prise Salz zu festem Eischnee schlagen.
2. Das Eigelb zusammen mit dem Quark, dem Zitronensaft und dem Zitronenabrieb zu einer homogenen Masse verrühren.
3. Anschließend den Eischnee vorsichtig unterheben, nach Belieben süßen und genießen.

Nährwerte für 1 Portion	
Kalorien	246 kcal
Fett	5,7 g
Kohlenhydrate	12,1 g
Eiweiß	36,6 g

Mittagessen: Gefüllte Paprika

Zutaten für 1 Portion

Zutaten:

- 125 g Hähnchenbrustfilet
- 1 rote Paprika (etwa 150 g)
- ½ Stange Staudensellerie
- 80 g Zwiebel
- 30 g Mozzarella
- 1 Knoblauchzehe
- 1 EL Petersilie, gehackt
- 2 EL Hüttenkäse
- 1 EL Instant Brühe
- 100 ml Wasser
- 1 TL Öl
- Salz, Pfeffer, Paprikapulver, Oregano

Schwierigkeitsgrad:	**einfach**
Zubereitungszeit:	**ca. 20 min.**
Portionsgröße:	**1**

Zubereitung:

1. Den Backofen auf 180°C Umluft oder 200°C Ober-/Unterhitze vorheizen.
2. Die Paprika der Länge nach halbieren, Strunk und Kerne entfernen. In eine leicht gefettete, feuerfeste Form legen.
3. Die Hähnchenbrust in feine Streifen schneiden. Zwiebel und Knoblauch fein würfeln. Den Sellerie in feine Scheiben schneiden.
4. Die Hähnchenbruststreifen zusammen mit Zwiebel, Knoblauch und Sellerie in einer heißen Pfanne mit etwas Öl anbraten. Mit Salz und Pfeffer würzen und etwas abkühlen lassen.
5. Anschließend den Hüttenkäse dazu geben, mit Paprikapulver und Oregano abschmecken und ggf. noch einmal mit Salz und Pfeffer würzen.
6. Die fertige Masse in die Paprikahälften füllen, mit Mozzarella belegen, Wasser und Instant Brühe in die Form geben und im vorgeheizten Backofen für etwa 40 Minuten knusprig überbacken.

Nährwerte für 1 Portion	
Kalorien	361 kcal
Fett	11,6 g
Kohlenhydrate	17,2 g
Eiweiß	43,6 g

Abendessen: Pochierte Eier mit Spinat

Zutaten für 1 Portion

Zutaten:

- 2 Eier (M), frisch!
- 250 g Blattspinat
- 1 Scheibe Bacon
- 1 kleine Knoblauchzehe
- 2-3 EL Essig
- Salz, Pfeffer, Muskat

Schwierigkeitsgrad:	**einfach**
Zubereitungszeit:	**ca. 25 min.**
Portionsgröße:	**1**

Zubereitung:

1. Den Blattspinat säubern und grob hacken. Den Knoblauch pressen. Bacon in feine Streifen schneiden.
2. Einen Topf mit Wasser befüllen (4-5 cm hoch), den Essig dazu geben und erhitzen. Das Wasser sollte nicht kochen, nur simmern.
3. Wenn das Wasser die richtige Temperatur hat, die Eiern einzeln in eine kleine Schüssel geben und langsam über einen großen Löffel in das Wasser rutschen lassen. Die Eier für etwa 4-5 Minuten pochieren.
4. In der Zwischenzeit den Bacon in einer beschichteten Pfanne auslassen.
5. Spinat und Knoblauch hinzugeben und mit garen. Anschließend mit Salz, Pfeffer und etwas Muskat würzen.
6. Die pochierten Eier nach der Garzeit vorsichtig mit einer Schaumkellen aus dem Wasser holen und zusammen mit dem Spinat auf einem Teller anrichten.

Nährwerte für 1 Portion	
Kalorien	262 kcal
Fett	15,0 g
Kohlenhydrate	5,7 g
Eiweiß	23,3 g

TAG 12

Frühstück: Pfifferling-Rührei mit Speck

Zutaten für 1 Portion

Zutaten:

- 2 Eier (M)
- 35 g Pfifferlinge
- 1 Scheibe Frühstücksspeck
- 1 TL Schnittlauch
- Salz, Pfeffer

Schwierigkeitsgrad:	**einfach**
Zubereitungszeit:	**ca. 10 min.**
Portionsgröße:	**1**

Zubereitung:

1. Die Pfifferlinge putze.. Den Frühstücksspeck in Streifen schneiden. Schnittlauch in Röllchen schneiden.
2. Das Ei mit Salz und Pfeffer verquirlen.
3. Den Speck in einer beschichteten Pfanne ohne Fett auslassen.
4. Die Pfifferlinge dazu geben und kurz mit anbraten.
5. Mit der Eiermasse aufgießen und unter Rühren stocken lassen.
6. Auf einem Teller anrichten, mit den Schnittlauchröllchen betreuen und genießen.

Tipp: Wer keine Pfifferlinge mag oder da hat, kann hier auch wunderbar einfache Champignons verwenden.

Nährwerte für 1 Portion	
Kalorien	177 kcal
Fett	12,1 g
Kohlenhydrate	2,0 g
Eiweiß	15,3 g

Mittagessen: Puten-Gemüse-Pfanne

Zutaten für 1 Portion

Zutaten:

- 200 g Putenbrustfilet
- 100 g Brokkoli
- 100 g Blumenkohl
- 50 g rote Paprika
- 1 EL Sojasoße
- etwas Sambal Oelek
- Salz, Pfeffer

Schwierigkeitsgrad:	**einfach**
Zubereitungszeit:	**ca. 15 min.**
Portionsgröße:	**1**

Zubereitung:

1. Das Putenbrustfilet säubern und trockentupfen. In Streifen schneiden, mit Sojasoße und Sambal Oelek würzen und etwa 20 ziehen lassen.
2. In der Zwischenzeit das Gemüse putzen. Blumenkohl und Brokkoli in Röschen schneiden. Zwiebel und Paprika Grog würfeln.
3. Das Putenfleisch in einer beschichteten Pfanne ohne Fett scharf anbraten.
4. Das Gemüse hinzugeben und mitanbraten. Mit etwas Wasser aufgießen und nach Belieben mit Salz und Pfeffer würzen.
5. Auf einem Teller anrichten und genießen.

Nährwerte für 1 Portion	
Kalorien	315 kcal
Fett	4,8 g
Kohlenhydrate	10,2 g
Eiweiß	53,4 g

Abendessen: Schinkenröllchen mit Frischkäse & Gemüse

Zutaten für 1 Portion

Zutaten:

- 200 g Hüttenkäse
- 4 Scheiben gekochter Schinken
- 100 g Gurke
- 100 g gelbe Paprika
- Salz, Pfeffer

Schwierigkeitsgrad:	**einfach**
Zubereitungszeit:	**ca. 10 min.**
Portionsgröße:	**1**

Zubereitung:

1. Den Hüttenkäse in eine kleine Schüssel geben und nach Belieben mit Salz und Pfeffer würzen.
2. Gurke der Länge nach vierteln und die Paprika in Streifen schneiden.
3. Jede Scheibe Kochschinken mit etwas Hüttenkäse bestreichen, ein Stück Gurke und Paprikastreifen an den Rand legen und aufrollen.
4. Im Ganzen, oder in Röllchen geschnitten genießen.

Nährwerte für 1 Portion	
Kalorien	333 kcal
Fett	13,2 g
Kohlenhydrate	15,2 g
Eiweiß	35,6 g

TAG 13

Frühstück: Ananas-Protein-Shake

Zutaten für 1 Portion

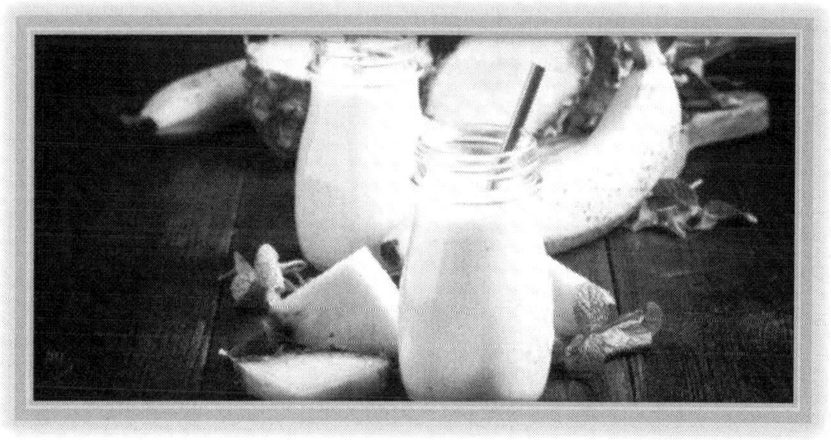

Zutaten:

- 125 g Magerquark
- 25 g Haferflocken
- 50 g Ananas
- 30 g Eiweißpulver, Pina Colada
- 100 ml Wasser
- 2 EL Skyr Natur Joghurt (0,2%)

Schwierigkeitsgrad:	**einfach**
Zubereitungszeit:	**ca. 5 min.**
Portionsgröße:	**1**

Zubereitung:

1. Alle Zutaten in einen Blender oder Mixbecher geben und für etwa 1-2 Minuten fein pürieren.

Nährwerte für 1 Portion	
Kalorien	344 kcal
Fett	3,7 g
Kohlenhydrate	29,3 g
Eiweiß	46,3 g

Mittagessen: Ofen-Gemüse mit Fetakäse

Zutaten für 1 Portion

Zutaten:

- 30 g rote Paprika
- 30 g gelbe Paprika
- 120 g Zucchini
- 130 g Tomate
- 40 g Zwiebel
- 125 g Feta Käse Light
- ½ Knoblauchzehe
- 1 TL Öl
- Oregano, Basilikum, Thymian
- Salz, Pfeffer, Cayennepfeffer

Schwierigkeitsgrad:	**einfach**
Zubereitungszeit:	**ca. 40 min.**
Portionsgröße:	**1**

Zubereitung:

2. Den Backofen auf 180°C Umluft oder 200°C Ober-/Unterhitze vorheizen.
3. Paprika, Zucchini und Feta würfeln. Die Zwiebel in Ringe schneiden. Knoblauch fein hacken.
4. Alles in eine Schüssel geben, Olivenöl, Kräuter und Gewürze hinzufügen und gut miteinander vermengen.
5. Im vorgeheizten Backofen für etwa 30 Minuten garen.

Tipp: Das Ofengemüse kann einfach nur so, aber z.B. auch mit Vollkornreis serviert werden. Geschmacklich kann es auch mit etwas Ajvar verfeinert werden.

Nährwerte für 1 Portion	
Kalorien	330 kcal
Fett	16,9 g
Kohlenhydrate	13,5 g
Eiweiß	28,4 g

Abendessen: Thunfischsalat mit Biss

Zutaten für 1 Portion

Zutaten:

- 75 g Thunfisch, im eig. Saft
- 60 g Zucchini
- 100 g Gurke
- 20 g Zwiebel
- 1 Champignon
- 2 TL Pinienkerne, geröstet
- 1 TL Kapern
- 1 EL Basilikum, gehackt
- ½ TL Senf
- 1 ½ EL Balsamico Essig
- 1 EL Olivenöl
- Salz, Pfeffer, Xucker Light

Schwierigkeitsgrad:	**einfach**
Zubereitungszeit:	**ca. 15 min.**
Portionsgröße:	**1**

Zubereitung:

1. Gurke und Zucchini waschen und der Länge nach in Streifen hobeln. Champignon in feine Scheiben schneiden und die Zwiebel fein würfeln. Thunfisch abtropfen lassen. Zusammen mit den Kapern in eine Schüssel geben und gut vermengen.
2. Für das Dressing den Balsamico Essig, das Öl, Senf, Salz, Pfeffer und eine Prise Xucker Light miteinander verrühren und über den Salat geben.
3. Zum Schluss mit den gerösteten Pinienkernen und dem gehackten Basilikum garnieren und genießen.

Nährwerte für 1 Portion	
Kalorien	298 kcal
Fett	16,7 g
Kohlenhydrate	9,8 g
Eiweiß	23,3 g

TAG 14

Frühstück: Mandelmilch-Porridge

Zutaten für 1 Portion

Zutaten:

- 40 g zarte Haferflocken
- 100 ml Milch (1,5 % Fett)
- 100 ml Wasser
- 20 g Mandeln, gehackt
- 10 g Eiweißpulver, Hazelnut
- Zimt
- Salz
- Xucker Light oder Süßstoff nach Bedarf

Schwierigkeitsgrad:	**einfach**
Zubereitungszeit:	**ca. 15 min.**
Portionsgröße:	**1**

Zubereitung:

1. Die Haferflocken zusammen mit der Milch, dem Wasser, einer Prise Salz, etwas Zimt und dem Eiweißpulver in einen kleinen Topf geben und aufkochen.
2. Für etwa 2-3 Minuten köcheln lassen, bis ein cremiger Brei entsteht.
3. In eine Schüssel umfüllen, nach Belieben süßen und mit den gehackten Mandeln bestreuen.

Tipp: Die Kuhmilch kann natürlich auch durch Wasser oder pflanzliche Milch, wie z.B. Mandelmilch ersetzt werden.

Nährwerte für 1 Portion	
Kalorien	357 kcal
Fett	15,7 g
Kohlenhydrate	30,4 g
Eiweiß	20,6 g

Mittagessen: Gefüllte Zucchini mit Käse

Zutaten für 1 Portion

Zutaten:

- 1 Zucchini (etwa 200 g)
- 65 g mageres Rinderhackfleisch
- 50 g passierte Tomaten
- 20 g geriebener Gratin-Käse, fettarm
- 1 Ei (M)
- 10 g Haferflocken
- 1 kleine Knoblauchzehe, fein gehackt
- 50 ml Wasser
- Paprikapulver, Basilikum, Oregano
- Salz, Pfeffer, Xucker Light

Schwierigkeitsgrad:	**einfach**
Zubereitungszeit:	**ca.60 min.**
Portionsgröße:	**1**

Zubereitung:

1. Den Backofen auf 200°C Umluft oder 220°C Ober-/Unterhitze vorheizen.
2. In einem kleinen Topf die passierten Tomaten zusammen mit dem Wasser, Salz, Pfeffer und einer Prise Xucker Light kurz aufkochen. Mit Basilikum und Oregano würzen.
3. Währenddessen die Enden der Zucchini entfernen, der Länge nach halbieren und mit Hilfe eines Löffels entkernen.
4. In einer kleinen Schüssel das Hackfleisch zusammen mit dem Ei, Haferflocken, Knoblauch, Salz, Pfeffer und etwas Paprikapulver verkneten. Anschließend in die Zucchinihälften füllen.
5. Die Tomatensoße in eine kleine Auflaufform gießen, die befüllten Zucchini hineinlege und für etwa 30-40 Minuten im vorgeheizten Backofen garen.
6. Anschließen herausnehmen, mit dem geriebenen Käse bestreuen und weitere 10 Minuten überbacken.

Nährwerte für 1 Portion	
Kalorien	291 kcal
Fett	11,4 g
Kohlenhydrate	14,9 g
Eiweiß	31,3 g

Abendessen: Rinderfiletstreifen mit Tomaten-Mango-Salat

Zutaten für 1 Portion

Zutaten:

- 1 Rinder-Hüftsteaks à ca. 200 g
- 80 g rote Cocktailtomaten
- 80 g gelbe Cocktailtomaten
- 50 g Mango
- 50 g Pflücksalat
- ½ Lauchzwiebel
- 1 EL Olivenöl
- 1 TL Balsamico Essig
- ½ EL Himbeeressig
- ½ EL Thymian, gehackt
- ½ TL Minze, gehackt
- Salz, Pfeffer, Chiliflocken, Xucker Light

Schwierigkeitsgrad:	**einfach**
Zubereitungszeit:	**ca.20 min.**
Portionsgröße:	**1**

Zubereitung:

1. Thymian, Salz, Pfeffer und Chili in einen Mörser geben und fein zermahlen.
2. Das Steak in etwa 2,5 cm dicke streifen schneiden.
3. Lauchzwiebel in feine Ringe schneiden, Tomaten waschen und würfeln. Das Mango-Fruchtfleisch ebenfalls in kleine Würfel schneiden. Lauchzwiebel, Mango, Tomaten, den Pflücksalat und die gehackte Minze in eine kleine Schüssel geben und gut vermengen.
4. Für das Dressing ½ EL Olivenöl zusammen mit Balsamico Essig, Himbeeressig, einer Prise Xucker Light, sowie einer kleinen Menge der Thymian-Gewürzmischung verrühren. Über den Salat geben und ziehen lassen.
5. In der Zwischenzeit das restliche Öl in einer Pfanne erhitzen, die Rindersteak-Streifen hineingeben und von beiden Seiten etwa 2-3 Minuten scharf anbraten. Währenddessen mit der angefertigten Würzmischung würzen.
6. Den Salat zusammen mit den fertigen Rinderfiletstreifen auf einem Teller anrichten, mit der gehackten Minze bestreuen und genießen.

Nährwerte für 1 Portion	
Kalorien	439 kcal
Fett	19,7 g
Kohlenhydrate	13,2 g
Eiweiß	46,0 g

TAG 15

Frühstück: Dinkel-Knäcke mit Pute & Tomate

Zutaten für 1 Portion

Zutaten:

- 1 Scheiben Dinkel Knäckebrot
- 50 g Putenbrustaufschnitt
- 30 g Hüttenkäse
- 1 Tomate (ca. 130 g)
- 3 Zwiebelringe
- 3 Walnusskerne

Schwierigkeitsgrad:	**einfach**
Zubereitungszeit:	**ca. 5 min.**
Portionsgröße:	**1**

Zubereitung:

1. Knäckebrot nach Belieben mit Putenaufschnitt, Hüttenkäse, Zwiebel und Tomate belegen.
2. Walnüsse dazu genießen.

Nährwerte für 1 Portion	
Kalorien	254 kcal
Fett	13,2 g
Kohlenhydrate	12,3 g
Eiweiß	19,5 g

Mittagessen: Spinat-Lachs-Gratin

Zutaten für 1 Portion

Zutaten:

- 150 g Lachsfilet
- 300 g Blattspinat
- 40 g Zwiebel
- 3 EL (ca. 25 g) geriebener Gratin-Käse, fettarm
- ½ EL Olivenöl
- ½ EL Instant Brühe
- 2 EL Soja-Sahne Light
- 1 Knoblauchzehe
- 80 ml Wasser
- 1 Spritzer Zitronensaft
- Salz, Pfeffer

Schwierigkeitsgrad:	**einfach**
Zubereitungszeit:	**ca. 45 min.**
Portionsgröße:	**1**

Zubereitung:

1. Den Backofen auf 180°C Umluft oder 200°C Ober-/Unterhitze vorheizen.
2. Den Spinat waschen und trockentupfen. Den Knoblauch fein hacken. Zwiebel in feine Würfel schneiden.
3. Das Öl in einer Pfanne erhitzen, Zwiebel und Spinat hinzugeben und anschwitzen. Mit dem Wasser ablöschen, Soja-Sahne, Knoblauch und Instant Brühe dazu geben.
4. Das Lachsfilet säubern, mit Zitronensaft beträufeln und mit Salz und Pfeffer würzen.
5. Die Hälfte des Spinats in eine kleine Auflaufform geben, das Fischfilet darauf positionieren und mit dem restlichen Spinat bedecken.
6. Mit dem geriebenen Käse bestreuen und im vorgeizten Backofen für etwa 20-25 Minuten gratinieren.

Nährwerte für 1 Portion	
Kalorien	538 kcal
Fett	34,3 g
Kohlenhydrate	8,0 g
Eiweiß	47,0 g

Abendessen: Quark mit Pistazien

Zutaten für 1 Portion

Zutaten:

- 50 g Ricotta
- 100 g Magerquark
- 80 g Feigen, frisch
- 50 g Erdbeeren
- 2 EL Pistazien, gehackt
- Xucker Light oder Süßstoff nach Bedarf

Schwierigkeitsgrad:	**einfach**
Zubereitungszeit:	**ca. 10 min.**
Portionsgröße:	**1**

Zubereitung:

1. Den Ricotta und den Magerquark in eine kleine Schüssel geben und miteinander verrühren. Nach Belieben süßen.
2. Die Erdbeeren waschen und zusammen mit den Feigen in kleine Würfel schneiden.
3. Mit den gehackten Pistazien bestreuen und genießen.

Nährwerte für 1 Portion	
Kalorien	338 kcal
Fett	17,6 g
Kohlenhydrate	21,9 g
Eiweiß	21,0 g

TAG 16

Frühstück: Chia-Quark mit Mandarine

Zutaten für 1 Portion

Zutaten:

- 200 g Magerquark
- 1 ½ TL Chia Samen
- 1 kleine Mandarine (ca. 50 g)
- 1 EL Orangensaft
- Xucker Light oder Süßstoff nach Bedarf

Schwierigkeitsgrad:	**einfach**
Zubereitungszeit:	**ca. 10 min.**
Portionsgröße:	**1**

Zubereitung:

1. Den Quark mit dem Orangensaft glatt rühren und nach Belieben süßen.
2. Die Mandarine schälen, in einzelne Stücke zerlegen und zusammen mit den Chia Samen unter den Quark heben.

Nährwerte für 1 Portion	
Kalorien	197 kcal
Fett	2,8 g
Kohlenhydrate	15,0 g
Eiweiß	25,9 g

Mittagessen: Pizza-Omelett

Zutaten für 1 Portion

Zutaten:

- 2 Eier (M)
- 100 g Tomate
- 50 g gekochter Schinken
- 100 g Mozzarella
- 2 EL passierte Tomaten
- 2 EL Soja Sahne Light
- 1 Knoblauchzehe
- 1 EL Petersilie, gehackt
- 1 TL Öl
- Etwas Oregano
- Salz, Pfeffer, Xucker Light

Schwierigkeitsgrad:	**einfach**
Zubereitungszeit:	**ca. 25 min.**
Portionsgröße:	**1**

Zubereitung:

1. Den Backofen auf 180°C Umluft oder 200°C Ober-/Unterhitze vorheizen.
2. Tomate und Mozzarella in dünne Scheiben schneiden. Den gekochten Schinken fein würfeln.
3. Die passierten Tomaten, mit der Soja Sahne, einer Prise Oregano, Salz und Pfeffer verrühren.
4. Den Knoblauch pressen und zusammen mit den Eiern, der gehackten Petersilie, Salz und Pfeffer verquirlen.
5. Das Öl in einer Pfanne erhitzen, die Eiermasse hineingeben und stocken lassen. Wenn die Oberseite beginnt fest zu werden, vorsichtig wenden.
6. Die Tomatensoße auf dem Omelett verteilen, mit den Schinkenwürfeln, den Tomaten- und Mozzarellascheiben belegen und im vorgeheizten Backofen gratinieren, bis der Käse geschmolzen ist und eine leicht bräunliche Farbe hat.

Nährwerte für 1 Portion	
Kalorien	432 kcal
Fett	24,5 g
Kohlenhydrate	9,5 g
Eiweiß	40,9 g

Abendessen: Wurstsalat mit Käse

Zutaten für 1 Portion

Zutaten:

- 50 g Geflügelfleischwurst
- 100 g Sauermilchkäse (z.B. Quäse)
- 20 g Zwiebel
- 30 g rote Paprika
- 3 Radieschen
- 1 TL Petersilie, gehackt
- 1 TL Schnittlauch, in Röllchen
- 1 TL körniger Senf
- 1 TL Olivenöl
- 1 EL Apfelsaft, ohne Zuckerzusatz
- ½ EL Essig
- Salz, Pfeffer, Xucker Light

Schwierigkeitsgrad:	**einfach**
Zubereitungszeit:	**ca. 20 min.**
Portionsgröße:	**1**

Zubereitung:

1. Den Käse und die Paprika in kleine Würfel schneiden. Radieschen waschen, halbieren und in fene Scheiben schneiden. Zwiebel in feine Ringe schneiden. Fleischwurst in dünne Streifen schneiden. In eine Schüssel geben und vermengen.
2. Für das Dressing den Senf, Essig, Apfelsaft, Öl und die Gewürze miteinander verrühren. Anschließend die Petersilie und die Schnittlauchröllchen dazu geben und gut verrühren.
3. Das Dressing über den Salat geben, etwa 10 Minuten ziehen lassen und genießen.

Nährwerte für 1 Portion	
Kalorien	306 kcal
Fett	13,0 g
Kohlenhydrate	6,4 g
Eiweiß	38,8 g

TAG 17

Frühstück: Schoko-Haselnuss-Pfannkuchen

Zutaten für 1 Portion

Zutaten:

- 2 Eier (M)
- 30 g gemahlene Haselnüsse
- 30 g Mandelmehl
- 2 EL Eiweißpulver, Schokolade
- 1 TL Back-Kakao, gestrichen
- 2 EL Milch (1,5 % Fett)
- 2 TL Öl
- 1 Prise Salz
- Xucker Light, Stevia, Süßstoff etc. nach Belieben

Schwierigkeitsgrad:	**einfach**
Zubereitungszeit:	**ca. 15 min.**
Portionsgröße:	**1**

Zubereitung:

1. Die Eier mit der Milch und dem Salz verquirlen.
2. Die gemahlenen Haselnüsse, Kakaopulver, Eiweißpulver und ggf. Stevia (oder anderen Zuckerersatz) hinzugeben und zu einem glatten Teig verrühren.
3. Öl in einer Pfanne erhitzen, den Teig hineingeben und von beiden Seiten goldgelb backen. Auf einen Teller geben und genießen.

Nährwerte für 1 Portion	
Kalorien	659 kcal
Fett	43,2 g
Kohlenhydrate	10,4 g
Eiweiß	52,9 g

Mittagessen: Hähnchenbrust mit Spinat

Zutaten für 1 Portion

Zutaten:

- 200 g Hähnchenbrustfilet
- 300 g Blattspinat
- 40 g Zwiebel
- 30 g Gorgonzola
- 2 EL Soja-Sahne Light
- 2 EL Milch (1,5 % Fett)
- 1 Knoblauchzehe
- 1 TL Olivenöl
- Salz, Pfeffer, Muskat

Schwierigkeitsgrad:	**einfach**
Zubereitungszeit:	**ca. 20 min.**
Portionsgröße:	**1**

Zubereitung:

1. Die Hähnchenbrust säubern und in Streifen schneiden. Den Blattspinat waschen und trockentupfen. Zwiebel fein würfeln. Käse in kleine Stücke schneiden. Knoblauch pressen.
2. Das Öl in einer Pfanne erhitzen, die Hähnchenstreifen hineingeben, mit Salz und Pfeffer würzen und rundherum anbraten.
3. Wenn das Hähnchenfleisch fast durch ist, Zwiebeln, Spinat und Knoblauch hinzugeben und mit anbraten.
4. Mit der Soja-Sahne, Milch und dem Wasser aufgießen, den Käse hinzugeben und schmelzen lassen. Mit Salz, Pfeffer du Muskat abschmecken und genießen.

Nährwerte für 1 Portion	
Kalorien	455 kcal
Fett	17,6 g
Kohlenhydrate	9,1 g
Eiweiß	62,8 g

Abendessen: Lachs auf Gurken-Gemüse

Zutaten für 1 Portion

Zutaten:

- 125 g Lachsfilet
- 100 g Gurke
- 40 g Zwiebel
- 25 ml Gemüsebrühe
- ½ EL Skyr Natur Joghurt
- 1 TL Sesam
- 1 TL Olivenöl
- 1 Spritzer Zitronensaft
- 2 TL Zitronenabrieb
- 3 Zitronenscheiben
- Salz, Pfeffer, Dill, Xucker Light

Schwierigkeitsgrad:	**einfach**
Zubereitungszeit:	**ca. 60 min.**
Portionsgröße:	**1**

Zubereitung:

1. Den Backofen auf 180°C Umluft oder 200°C Ober-/Unterhitze vorheizen.
2. Das Lachsfilet säubern und trockentupfen.
3. Eine kleine Auflaufform mit ½ TL Öl ausstreichen. Das Lachsfile mit der Haut nach unten hineinlegen, mit Salz und Pfeffer würzen und mit den Zitronenscheiben belegen. Für etwa 30 Minuten ziehen lassen.
4. Nach der Ruhezeit im vorgeizten Backofen für etwa 15 Minuten garen. Anschließend mit dem Zitronenabrieb und dem Sesam bestreuen, die Grillfunkton einschalten und für weitere 3 Minuten bei 225°C grillen.
5. In der Zwischenzeit, die Gurke schälen, entkernen und in Scheiben schneiden. Zwiebel fein würfeln.
6. In einem kleinen Topf das restliche Öl erhitzen, Gurke und Zwiebel dazu geben und ca. 5-6 Minuten anschwitzen. Mit der Gemüsebrühe ablöschen, Joghurt hinzugeben und mit Salz, Pfeffer, Dill und einer Prise Xucker Light würzen. Für etwa 3 Minuten leicht köcheln lassen.
7. Zusammen mit dem gegrillten Lachs auf einem Teller anrichten und genießen.

Nährwerte für 1 Portion	
Kalorien	381 kcal
Fett	27,4 g
Kohlenhydrate	4,8 g
Eiweiß	28,0 g

TAG 18

Frühstück: Fruchtiger Eiersalat mit Knäckebrot

Zutaten für 1 Portion

Zutaten:

- 1 Scheibe Dinkel Knäckebrot
- 2 Eier (M), hartgekocht
- 30 g Apfel
- 3 Radieschen
- 1 EL Schnittlauch
- 20 g Hüttenkäse
- ½ EL Skyr Natur Joghurt (0,2 % Fett)
- 1 TL Senf
- Salz, Pfeffer

Schwierigkeitsgrad:	**einfach**
Zubereitungszeit:	**ca. 15 min.**
Portionsgröße:	**1**

Zubereitung:

1. Die Eier vierteln, in eine Schüssel geben und mit einer Gabel grob zerdrücken, Radieschen in Scheiben schneiden, Apfel würfeln und zu den Eiern geben.
2. Schnittlauch in feine Röllchen schneiden und mit dem Hüttenkäse, dem Joghurt, Senf, Salz und Pfeffer verrühren.
3. Ebenfalls zu den Eiern geben und alles gut vermengen.
4. Zusammen mit einer Scheibe Dinkel Knäckebrot genießen.

Nährwerte für 1 Portion	
Kalorien	272 kcal
Fett	13,7 g
Kohlenhydrate	13,9 g
Eiweiß	20,0 g

Mittagessen: Rindersteak mit Bohnensalat & Ziegenkäse

Zutaten für 1 Portion

Zutaten:

- 125 g Rinderhüftsteak
- 125 g Brechbohnen
- 40 g Zwiebel
- ½ Ziegenkäsetaler (ca. 20 g)
- 1 EL Himbeeressig
- 2 TL Öl
- Salz, Pfeffer, Xucker Light

Schwierigkeitsgrad:	**einfach**
Zubereitungszeit:	**ca. 30 min.**
Portionsgröße:	**1**

Zubereitung:

1. Die Bohnen in leicht gesalzenem Wasser etwa 15 Minuten garen.
2. Zwiebel fein würfeln und zusammen mit dem Essig, Salz, Pfeffer, einer Prise Xucker Light und 1 TL Öl gut verrühren.
3. Die fertigen Bohnen abgießen, mit dem Dressing vermengen und etwa 10 Minuten ziehen lassen.
4. In der Zwischenzeit das Rindersteak in Streifen schneiden. Das restliche Öl in einer Pfanne erhitzen und die Filetstreifen unter wenden etwa 3 Minuten anbraten. Anschließend mit Salz und Pfeffer würzen.
5. Rinderfiletstreifen zusammen mit dem Bohnensalat auf einem Teller anrichten. Den Ziegenkäse zerbröseln und über dem Salat verteilen.

Nährwerte für 1 Portion	
Kalorien	315 kcal
Fett	15,4 g
Kohlenhydrate	7,0 g
Eiweiß	34,2 g

Abendessen: Thunfischsalat mit Ei

Zutaten für 1 Portion

Zutaten:

- 1 Dose Thunfisch
- 50 g rote Paprika
- 1 Lauchzwiebeln
- 50 g Gewürzgurke
- 1 Ei, hartgekocht
- 3 EL Salat-Mayonnaise (Balance)
- Salz, Pfeffer

Schwierigkeitsgrad:	**einfach**
Zubereitungszeit:	**ca. 20 min.**
Portionsgröße:	**1**

Zubereitung:

1. Den Thunfisch abgießen, abtropfen lassen und in eine Schüssel geben.
2. Paprika waschen und würfeln, Lauchzwiebeln putzen und in Ringe schneiden.
3. Das hartgekochte Ei und die Gewürzgurke würfeln.
4. Alles zu dem Thunfisch geben und vermengen. Salat-Mayonnaise unterheben und mit Salz und Pfeffer würzen.

Nährwerte für 1 Portion	
Kalorien	338 kcal
Fett	10,5 g
Kohlenhydrate	12,7 g
Eiweiß	40,0 g

TAG 19

Frühstück: Mango-Quark-Smoothie

Zutaten für 1 Portion

Zutaten:

- 200 g Magerquark
- 30 g Mango
- 30 g Ananas
- 10 g Eiweißpulver, Mango Lassi
- 200 ml Wasser
- Xucker Light oder Süßstoff nach Bedarf

Schwierigkeitsgrad:	**einfach**
Zubereitungszeit:	**ca. 5 min.**
Portionsgröße:	**1**

Zubereitung:

1. Mango und Ananas grob würfeln
2. Alle Zutaten in einen Blender oder Mixbecher geben und fein pürieren.

Nährwerte für 1 Portion	
Kalorien	207 kcal
Fett	1,1 g
Kohlenhydrate	16,2 g
Eiweiß	32,2 g

Mittagessen: Hähnchen-Curry-Suppe

Zutaten für 1 Portion

Zutaten:

- 75 g Hähnchenbrustfilet
- 50 g Karotte
- 50 g Zuckerschoten
- ½ Frühlingszwiebel
- 100 ml Kokosmilch Light
- 200 ml Gemüsebrühe
- ½ EL Currypaste
- 1 TL Öl
- 1 EL Zitronensaft
- Salz, Pfeffer, Xucker Light

Schwierigkeitsgrad:	**einfach**
Zubereitungszeit:	**ca. 25 min.**
Portionsgröße:	**1**

Zubereitung:

1. Das Hähnchenbrustfilet säubern, trockentupfen und in Streifen schneiden. Frühlingszwiebel putzen und in feine Ringe schneiden. Karotte schälen und in Scheiben schneiden.
2. Das Öl in einem Topf erhitzen, Karottenscheiben und Frühlingszwiebel hineingeben und andünsten. Mit Kokosmilch und Gemüsebrühe aufgießen und kurz köcheln lassen.
3. Die Zuckerschoten und die Hähnchenbruststreifen hinzugeben und für etwa weitere 5 Minuten köcheln lassen.
4. Nun die Currypaste und den Zitronensaft unterrühren und mit Salz, Pfeffer und einer Prise Xucker Light abschmecken.
5. Noch einmal etwa 3 Minuten weiter köcheln lassen, auf eine Teller geben und genießen.

Nährwerte für 1 Portion	
Kalorien	264 kcal
Fett	12,3 g
Kohlenhydrate	14,1 g
Eiweiß	21,4 g

Abendessen: Omelette mit Frischkäse & Lachs

Zutaten für 1 Portion

Zutaten:

- 2 Eier
- 100 g körniger Frischkäse
- 30 g Räucherlachs
- 20 g Kresse
- 2 EL Mineralwasser
- ½ TL Öl
- Salz, Pfeffer

Schwierigkeitsgrad:	**einfach**
Zubereitungszeit:	**ca. 20 min.**
Portionsgröße:	**1**

Zubereitung:

1. Eier mit Mineralwasser, Salz und Pfeffer verquirlen.
2. In einer mit Öl ausgepinselten Pfanne zum Omelette garen.
3. Mit dem körnigen Frischkäse bestreichen, den Lach darauf verteilen und mit Kresse bestreuen.
4. Aufrollen, in Röllchen schneiden und genießen.

Nährwerte für 1 Portion	
Kalorien	337 kcal
Fett	20,1 g
Kohlenhydrate	3,0 g
Eiweiß	32,6 g

TAG 20

Frühstück: Chia-Schoko-Pudding

Zutaten für 1 Portion

Zutaten:

- 1 EL Chia Samen
- 100 ml Milch (1,5 % Fett)
- 25 ml Kokosmilch
- ¾ EL Kakaopulver
- 1 TL Eiweißpulver, Schokolade
- Xucker Light, Stevia oder Süßstoff nach Belieben

Schwierigkeitsgrad:	**einfach**
Zubereitungszeit:	**ca. 25 min.**
Portionsgröße:	**1**

Zubereitung:

1. Alle Zutaten mit einem Blender oder Pürierstab kräftig pürieren.
2. Nach Belieben süßen und für ca. 20 Minuten in den Kühlschrank stellen. Danach gut durchmischen und genießen.

Tipp: Wer den Chia-Pudding nicht zum Quellen in den Kühlschrank stellen möchte kann diesen aufgrund seiner noch recht flüssigen Konsistenz auch gleich als Shake verzehren. Dieser sättigt und ist eine ideale Zwischenmahlzeit.

Nährwerte für 1 Portion	
Kalorien	314 kcal
Fett	14,6 g
Kohlenhydrate	9,6 g
Eiweiß	32,0 g

Mittagessen: Kabeljau aus dem Ofen

Zutaten für 1 Portion

Zutaten:

- 200 g Kabeljaufilet
- 1 Zweig Rosmarin
- 2 Bio-Orangenscheiben
- 1 TL Olivenöl
- Salz, Pfeffer

Schwierigkeitsgrad:	**einfach**
Zubereitungszeit:	**ca. 15 min.**
Portionsgröße:	**1**

Zubereitung:

1. Die Grillfunktion des Backofens aktivieren.
2. Den Rosmarin waschen und trockenschütteln. ½ Zweig in zwei Stücke teilen und von der anderen Hälfte die Nadeln abzupfen und fein hacken.
3. Das Kabeljaufilets abspülen und trockentupfen. Mit Salz, Pfeffer und dem gehackten Rosmarin würzen.
4. Den halben Rosmarinzweig und die Orangenscheiben auf das Fischfilet legen und mit Küchengarn oder einem Stück Zwirn befestigen.
5. In eine mit Öl ausgestrichene feuerfeste Form geben und im Backofen unter der Grillfunktion von beiden Seiten ca. 4-5 Minuten grillen.

Nährwerte für 1 Portion	
Kalorien	216 kcal
Fett	7,3 g
Kohlenhydrate	2,4 g
Eiweiß	34,2 g

Abendessen: Tofu-Käse-Frikadellen mit Dip

Zutaten für 1 Portion

Zutaten:

- 100 g Tofu, schnittfest
- 20 g Zwiebel
- 25 g Karotten
- 1 Ei (M)
- 1 EL geriebenen Emmentaler
- 35 g Natur-Joghurt (1,5 % Fett)
- 1 kleine Knoblauchzehe
- ¼ rote Chilischote
- ½ TL Petersilie, gehackt
- 3 Minze-Blätter
- 1 TL Zitronensaft
- 1 TL Öl
- Salz, Pfeffer, Cayennepfeffer

Schwierigkeitsgrad:	**einfach**
Zubereitungszeit:	**ca. 75 min.**
Portionsgröße:	**1**

Zubereitung:

1. Den Tofu abtropfen lassen, trockentupfen und in kleine Würfel schneiden. Die Tofuwürfel in ein Küchentuch geben und kräftig ausdrücken.
2. Die Zwiebel schälen und grob in Würfel schneiden. Die Karotte schälen und ebenfalls grob würfeln. Zusammen mit dem Tofu in einen Mixer geben und fein pürieren.
3. Die Chilischote entkernen und grob hacken. Chili, Emmentaler, Petersilie und Ei zum pürierten Tofu geben, mit Salz und Pfeffer würzen und noch einmal gut durchmixen. Abdecken und für 1 Stunde kalt stellen.
4. In der Zwischenzeit den Knoblauch schälen und pressen. Zusammen mit der gehackten Minze in eine Schüssel geben. Den Joghurt und den Zitronensaft dazu geben und gut verrühren. Mit Salz, Pfeffer und Cayennepfeffer abschmecken.
5. Aus der gekühlten Tofumasse mit feuchten Händen beliebig große, aber flache Frikadellen formen.
6. Das Öl in einer beschichteten Pfanne erhitzen. Die Frikadellen hineingeben und bei mittlerer Hitze von jeder Seite 3-4 Minuten goldbraun braten.
7. Anschließend mit dem Dip genießen.

Nährwerte für 1 Portion	
Kalorien	420 kcal
Fett	27,3 g
Kohlenhydrate	7,8 g
Eiweiß	32,0 g

TAG 21

Frühstück: Ei & Obstsalat

Zutaten für 1 Portion

Zutaten:

- 2 Eier (M)
- 50 g Erdbeeren
- 50 g Heidelbeeren
- 50 g Himbeeren
- 50 g Kiwi
- 150 g Skyr Natur Joghurt (0,2 % Fett)
- Xucker-Light oder Süßstoff nach Bedarf

Schwierigkeitsgrad:	**einfach**
Zubereitungszeit:	**ca. 10 min.**
Portionsgröße:	**1**

Zubereitung:

1. Die Eier nach gewünschter Härte zubereiten.
2. Das Obst nach Belieben klein schneiden, in eine Schüssel geben, den Joghurt hinzufügen und gute vermengen.
3. Nach Belieben Süßen und zusammen mit den Eiern genießen.

Nährwerte für 1 Portion	
Kalorien	327 kcal
Fett	11,5 g
Kohlenhydrate	21,0 g
Eiweiß	29,9 g

Mittagessen: Würzige Hähnchenbrust mit Fenchelgemüse

Zutaten für 1 Portion

Zutaten:

- 200 g Hähnchenbrustfilet
- 150 g Fenchel
- ½ Orange
- 50 ml Hühnerbrühe
- 50 ml trockner Weißwein
- ½ TL Fenchelsamen
- ¼ Sternanis
- 1 Msp. Zimt
- 1 EL Zitronensaft
- 1 EL Oliven-Öl
- Salz, Pfeffer

Schwierigkeitsgrad:	**einfach**
Zubereitungszeit:	**ca. 45 min.**
Portionsgröße:	**1**

Zubereitung:

1. Fenchelsamen und Sternanis in einem Mörser fein mahlen, mit Zimt, Salz und Pfeffer mischen.
2. Die Orange auspressen und den Saft auffangen. Den Fenchel in Streifen schneiden.
3. Die Hähnchenbrust mit der Gewürzmischung gründlich einreiben.
4. Das Öl in einem kleinem Bräter erhitzen und die Hähnchenbrust von beiden Seiten ca. 1-2 Minuten scharf anbraten, herausnehmen und den Fenchel im Bratenfett anbraten. Mit Salz und Pfeffer würzen.
5. Zitronen-, Orangensaft und Weißwein zum Fenchel geben und etwa 3-4 Minuten köcheln lassen, anschließend mit Hühnerbrühe aufgießen, die Hähnchenbrust auf den Fenchel legen und im vorgeheizten Backofen bei etwa 180 °C 15-20 Minuten garen.
6. Fenchelgemüse nach dem garen ggf. noch einmal mit Salz und Pfeffer abschmecken.

Nährwerte für 1 Portion	
Kalorien	430 kcal
Fett	16,3 g
Kohlenhydrate	10,3 g
Eiweiß	49,2 g

Abendessen: Avocado-Erdbeer-Salat mit Hähnchenbrust

Zutaten für 1 Portion

Zutaten:

- 50 g Endiviensalat
- 50 g Feldsalat
- 100 g Hähnchenbrust
- ½ Avocado
- 60 g Erdbeeren
- 1 ½ EL Zitronensaft
- 1 EL Orangensaft, frisch
- 1 EL Öl
- 1 TL Öl
- ½ EL Senf
- Süßstoff nach Bedarf
- Salz, Pfeffer

Schwierigkeitsgrad:	**einfach**
Zubereitungszeit:	**ca. 25 min.**
Portionsgröße:	**1**

Zubereitung:

1. Hähnchenbrust abspülen, trockentupfen und in einer heißen Pfanne mit 1 TL Öl von beiden Seiten anbraten, mit Salz und Pfeffer würzen und beiseite stellen.
2. Den Salat waschen, trocknen und in mundgerechte Stücke schneiden oder zupfen.
3. Avocado und Erdbeeren in Würfel schneiden, mit ½ EL Zitronensaft beträufeln und mit dem Salat in eine Schüssel geben.
4. Das restliche Öl mit dem restlichen Zitronensaft, Orangensaft, Senf, Salz und Pfeffer vermengen, ggf. mit etwas Xucker Light oder Süßstoff süßen und über den Salat geben.
5. Gut durchrühren und auf einem Teller anrichten. Die Hähnchenbrust in Streifen schneiden und auf den Salat geben.

Nährwerte für 1 Portion	
Kalorien	397 kcal
Fett	16,8 g
Kohlenhydrate	15,1 g
Eiweiß	45,4 g

TAG 22

Frühstück: Mandelquark mit Heidelbeeren

Zutaten für 1 Portion

Zutaten:

- 6 EL Magerquark
- 1 EL Heidelbeeren
- 1 EL Mandelstifte
- 2 TL Zitronensaft
- 2 EL Wasser (mit Kohlensäure)
- ½ TL Zimt

Schwierigkeitsgrad:	**einfach**
Zubereitungszeit:	**ca. 15 min.**
Portionsgröße:	**1**

Zubereitung:

1 Apfelhälfte zu Mus pürieren und mit 1 TL Zitronensaft beträufeln. Die andere Hälfte würfeln, ebenfalls mit 1 TL Zitronensaft beträufeln.

Magerquark mit Wasser, Apfelmus und Zimt cremig rühren. Heidelbeeren und Apfelstücke zum Quark geben. Mandelsplitter darauf verteilen.

Nährwerte für 1 Portion	
Kalorien	519 kcal
Fett	30,9 g
Kohlenhydrate	13,5 g
Eiweiß	44,5 g

Mittagessen: Hackfleisch-Gemüse-Pfanne

Zutaten für 1 Portion

Zutaten:

- 160 g Rinderhackfleisch, fettarm
- 80 g Champignons
- 50 g rote Paprika
- 50 g gelbe Paprika
- 100 g Zucchini
- 50 g Zwiebel
- 1 kleine Knoblauchzehe
- 1 TL Olivenöl
- 80 ml Wasser
- 1 TL Instant Brühe
- Salz, Pfeffer

Schwierigkeitsgrad:	**einfach**
Zubereitungszeit:	**ca. 25 min.**
Portionsgröße:	**1**

Zubereitung:

1. Die Instant Brühe in dem Wasser auflösen.
2. Paprika, Zucchini und Zwiebel in Würfel schneiden. Die Champignons putzen und in Scheiben schneiden. Knoblauch fein hacken.
3. Das Öl in einer Pfanne erhitzen, Hackfleisch und Zwiebel hineingeben und anbraten.
4. Wenn das Hackfleisch fast durch ist, das restliche Gemüse dazu geben und kurz mit anbraten. Mit der Brühe ablöschen und köcheln lassen, bis sich die Flüssigkeit deutlich reduziert hast.
5. Mit Salz und Pfeffer abschmecken, auf einem Teller anrichten und genießen.

Tipp: Die Hackfleisch-Gemüse-Pfanne schmeckt auch mit etwas Reis sehr gut.

Nährwerte für 1 Portion	
Kalorien	274 kcal
Fett	5,9 g
Kohlenhydrate	13,5 g
Eiweiß	39,4 g

Abendessen: Knackiger Papaya-Quark

Zutaten für 1 Portion

Zutaten:

- 150 g Magerquark
- 100 g Skyr Natur Joghurt
- 100 g Papaya
- 1 TL Leinsamen, geschrotet
- Xucker Light oder Süßstoff nach Bedarf

Schwierigkeitsgrad:	**einfach**
Zubereitungszeit:	**ca. 15 min.**
Portionsgröße:	**1**

Zubereitung:

1. Die Papaya schälen, entkernen und würfeln.
2. Den Magerquark mit dem Joghurt und den Leinsamen verrühren und nach Belieben süßen.
3. Die Papaya unterheben und genießen.

Nährwerte für 1 Portion	
Kalorien	216 kcal
Fett	2,2 g
Kohlenhydrate	17,3 g
Eiweiß	30,0 g

TAG 23

Frühstück: Krabben-Frischkäse mit Knäckebrot

Zutaten für 1 Portion

Zutaten:

- 1 Scheibe Vollkorn Knäckebrot
- 150 g Hüttenkäse
- ½ Frühlingszwiebel
- 100 g Krabben
- 2 EL Milch
- 1 EL Dill, gehackt
- Salz, Pfeffer

Schwierigkeitsgrad:	**einfach**
Zubereitungszeit:	**ca. 20 min.**
Portionsgröße:	**1**

Zubereitung:

1. Den Hüttenkäse mit der Milch verrühren.
2. Frühlingszwiebel in feine Ringe schneiden und den Dill fein hacken.
3. Hüttenkäse, Frühlingszwiebel und Dill miteinander verrühren und mit Salz und Pfeffer würzen.
4. Die Krabben unterheben und mit dem Knäckebrot genießen.

Nährwerte für 1 Portion	
Kalorien	292 kcal
Fett	8,0 g
Kohlenhydrate	15,6 g
Eiweiß	36,8 g

Mittagessen: Mandel-Pfannkuchen mit Ziegenkäse & Erdbeeren

Zutaten für 1 Portion

Zutaten:

- 75 g Mandelmehl
- 50 g Erdbeeren
- 40 g Ziegenfrischkäse
- 1 Ei (M)
- 2 EL Soja-Sahne Light
- 1 EL Wasser
- 1 TL Kokos-Öl
- 1 TL Agavendicksaft

Schwierigkeitsgrad:	**einfach**
Zubereitungszeit:	**ca. 20 min.**
Portionsgröße:	**1**

Zubereitung:

1. Mandelmehl mit Ei, Wasser und Agavendicksaft glatt rühren.
2. Erdbeeren säubern und vierteln.
3. Öl in einer Pfanne erhitzen und den fertigen Teig zu kleinen Pfannkuchen verarbeiten.
4. Mit Ziegenkäse bestreichen und den Erdbeerstückchen belegen. Wer mag, kann seine Pfannkuchen hinterher noch aufrollen.

Nährwerte für 1 Portion	
Kalorien	537 kcal
Fett	33,7 g
Kohlenhydrate	11,4 g
Eiweiß	42,7 g

Abendessen: Pute auf „Ungarische“ Art

Zutaten für 1 Portion

Zutaten:

- 160 g Putenbrustfilet
- 1 kleine Zwiebeln (60 g)
- ½ TL Paprikapulver (rosenscharf)
- ½ EL Paprikapulver (edelsüß)
- ½ Knoblauchzehen
- 1 TL Zitronenabrieb
- ¼ TL Kümmel
- 1 EL Rapsöl
- 60 g Shirataki Reis
- 100 - 125 ml Wasser
- Salz, Pfeffer

Schwierigkeitsgrad:	**einfach**
Zubereitungszeit:	**ca. 60 min.**
Portionsgröße:	**1**

Zubereitung:

1. Die Zwiebel in sehr feine Streifen schneiden. Die Putenbrust säubern und in gleichmäßige Würfel schneiden (wie Gulasch).
2. Die Putenwürfel zusammen mit ½ EL Öl in eine Schüssel geben, mit Salz und Pfeffer würzen und gut vermengen.
3. Das restliche Öl in einen Topf geben und erhitzen, Zwiebeln hinzugeben und bei mittlerer Hitze glasig dünsten. Wenn die Zwiebeln glasig sind, das Putenfleisch dazu geben, umrühren und für etwa 10 Minuten zugedeckt schmoren lassen. Gelegentlich umrühren.
4. Nach etwa 10 Minuten das Paprikapulver hinzufügen, gut umrühren und mit dem Wasser aufgießen, sodass das Fleisch gerade bedeckt ist. Nun erneut zugedeckt für ca. 30 Minuten schmoren lassen.
5. Währenddessen den Shirataki Reis nach Packungsanweisung zubereiten und den Knoblauch schälen.
6. Den Knoblauch zusammen mit dem Zitronenabrieb, dem Kümmel, etwas Salz und Pfeffer fein hacken. Die Knoblauch-Mischung nach der Schmorzeit zum Fleisch geben und gut unterrühren.
7. Bei relativ viel Flüssigkeit am Ende der Garzeit, ggf. bei offenem Deckel noch ein wenig einkochen lassen.

Nährwerte für 1 Portion	
Kalorien	325 kcal
Fett	13,8 g
Kohlenhydrate	8,7 g
Eiweiß	39,4 g

TAG 24

Frühstück: Bananen-Protein-Shake

Zutaten für 1 Portion

Zutaten:

- 100 g Magerquark
- 150 ml Milch (1,5 % Fett)
- 150 ml Wasser
- 50 g Banane
- 10 g Eiweißpulver, Banane

Schwierigkeitsgrad:	**einfach**
Zubereitungszeit:	**ca. 5 min.**
Portionsgröße:	**1**

Zubereitung:

1. Alle Zutaten in einen Blender oder Mixbecher geben und fein pürieren.
2. Nach Belieben süßen und genießen.

Nährwerte für 1 Portion	
Kalorien	222 kcal
Fett	3,1 g
Kohlenhydrate	22,0 g
Eiweiß	25,6 g

Mittagessen: Zucchini-Spaghetti mit Garnelen

Zutaten für 1 Portion

Zutaten:

- 250 g Zucchini
- 200 g Garnelen, cntdarmt
- 1 Knoblauchzehe
- 1 TL frische Chili, fein gehackt
- 2 TL Olivenöl
- Salz, Pfeffer

Schwierigkeitsgrad:	**einfach**
Zubereitungszeit:	**ca. 25 min.**
Portionsgröße:	**1**

Zubereitung:

1. Knoblauch schälen und fein hacken. Zucchini waschen, die Enden abtrennen und mit einem Spiralschneider in Spaghetti schneiden. Chili entkernen und fein hacken.
2. Das Öl in einer Pfanne erhitzen, Garnelen, Knoblauch und Chili darin anbraten.
3. Wenn die Garnelen fast fertig sind, die Zucchini-Spaghetti hinzugeben und mit anbraten, anschließend mit Salz und Pfeffer würzen.

Nährwerte für 1 Portion	
Kalorien	243 kcal
Fett	11,4 g
Kohlenhydrate	6,5 g
Eiweiß	26,4 g

Abendessen: Räucherlachs mit Hüttenkäse & Gurken

Zutaten für 1 Portion

Zutaten:

- 50 g Räucherlachs
- 100 g Salatgurke
- 65 g Hüttenkäse
- 15 g Kresse
- 1 TL Dill
- 2 TL Meerrettich (frisch)
- ½ TL Senf
- 1 Spritzer Zitronensaft
- Salz, Pfeffer (schwarz)

Schwierigkeitsgrad:	**einfach**
Zubereitungszeit:	**ca. 15 min.**
Portionsgröße:	**1**

Zubereitung:

1. Den Meerrettich schälen und fein reiben.
2. Hüttenkäse mit Meerrettich, Senf, Zitronensaft und Dill verrühren und mit Salz und Pfeffer abschmecken.
3. Die Salatgurke waschen, in ca. 0,5-1 cm dicke Scheiben schneiden und den Hüttenkäse darauf verteilen.
4. Den Räucherlachs klein schneiden, auf den Hüttenkäse legen und mit der Kresse bestreuen.

Nährwerte für 1 Portion	
Kalorien	167 kcal
Fett	6,8 g
Kohlenhydrate	5,8 g
Eiweiß	20,4 g

TAG 25

Frühstück: Hüttenkäse mit Gemüse & Knäckebrot

Zutaten für 1 Portion

Zutaten:

- 100 g Hüttenkäse
- 1 Tomate (etwa 80 g)
- 100 g Gurke
- 1 Scheib Vollkorn Knäckebrot

Schwierigkeitsgrad:	**einfach**
Zubereitungszeit:	**ca. 5 min.**
Portionsgröße:	**1**

Zubereitung:

1. Die Zutaten beliebig auf dem Knäckebrot verteilen und genießen.

Nährwerte für 1 Portion	
Kalorien	224 kcal
Fett	7,4 g
Kohlenhydrate	16,2 g
Eiweiß	21,3 g

Mittagessen: Feurige Joghurt-Suppe

Zutaten für 1 Portion

Zutaten:

- 100 g Skyr Natur-Joghurt (0,2 % Fett)
- 100 g Soja-Joghurt (Natur)
- 1 kleine rote Chilischote
- 1 Salatgurke (etwa 400 g)
- 3 Blätter frische Minze, gehackt
- ¼ TL gemahlener Kreuzkümmel
- Salz

Schwierigkeitsgrad:	**einfach**
Zubereitungszeit:	**ca. 60 min.**
Portionsgröße:	**1**

Zubereitung:

2. Die Chilischote und die Salatgurke entkernen, in eine Schüssel geben und mit einem Pürierstab fein pürieren.
3. Den Joghurt, die gehackte Minze, den Kreuzkümmel und etwas Salz dazu geben, gut verrühren und für etwa 30 - 60 Minuten kalt stellen.
4. Gut gekühlt genießen.

Nährwerte für 1 Portion	
Kalorien	157 kcal
Fett	3,3 g
Kohlenhydrate	13,3 g
Eiweiß	16,4 g

Abendessen: Hähnchenbrust-Gurken-Salat

Zutaten für 1 Portion

Zutaten:

- 150 g Hähnchenbrustaufschnitt
- 100 g Salatgurke
- 100 g Paprika, gelb
- 100 g körniger Frischkäse
- 1 Frühlingszwiebel
- 1 Knoblauchzehe
- 1 EL Zitronensaft
- 2 TL Oliven-Öl
- Salz, Pfeffer, Paprikapulver

Schwierigkeitsgrad:	**einfach**
Zubereitungszeit:	**ca. 15 min.**
Portionsgröße:	**1**

Zubereitung:

1. Gurke schälen und längs in dünne Scheiben hobeln. Die Hälfte der Paprika und Lauchzwiebel fein würfeln. Den Rest der Paprika in feine Streifen schneiden.
2. Zwiebel- und Paprikawürfel mit dem körnigen Frischkäse mischen und mit Salz und Pfeffer abschmecken.
3. Den Hähnchenbrustaufschnitt mit Gurkenscheiben und Paprikastreifen auf einen Teller legen und den Frischkäse darauf anrichten.
4. Olivenöl, Paprikapulver, Zitronensaft, Salz und Pfeffer verrühren und über den Salat träufeln.

Nährwerte für 1 Portion	
Kalorien	397 kcal
Fett	16,8 g
Kohlenhydrate	15,1 g
Eiweiß	45,4 g

TAG 26

Frühstück: Veganes Tofu-Rührei mit Sesam

Zutaten für 1 Portion

Zutaten:

- 150 g Tofu (Natur)
- 1 TL Sesam
- 40 g Zwiebel
- Salz, Pfeffer, Paprika, Curry

Schwierigkeitsgrad:	**einfach**
Zubereitungszeit:	**ca. 15 min.**
Portionsgröße:	**1**

Zubereitung:

1. Den Tofu leicht abtrocknen und anschließend kleinbröseln. Die Zwiebel in kleine Würfel schneiden.
2. Den zerbröselten Tofu und die Zwiebelwürfel in einen beschichteten Pfanne ohne Fett anbraten. Für ca. 10 - 15 Minuten in der Pfanne goldbraun anbraten.
3. Anschließend den Sesam hinzufügen und kurz mit anbraten. Mit Salz, Pfeffer, Paprika und Curry würzen.

Nährwerte für 1 Portion	
Kalorien	278 kcal
Fett	17,5 g
Kohlenhydrate	3,4 g
Eiweiß	25,5 g

Mittagessen: Gratinierter Rotbarsch auf Gemüse

Zutaten für 1 Portion

Zutaten:

- 150 g Rotbarschfilet
- 50 g gelbe Paprika
- 50 g Tomate
- 40 g Zwiebel
- 50 g Mozzarella
- ½ Knoblauchzehe
- 1 TL Olivenöl
- Oregano
- Salz, Pfeffer

Schwierigkeitsgrad:	**einfach**
Zubereitungszeit:	**ca. 50 min.**
Portionsgröße:	**1**

Zubereitung:

1. Den Backofen auf 180°C Umluft oder 200°C Ober-/Unterhitze vorheizen.
2. Eine kleine Auflaufform mit dem Olivenöl einfetten. Das Rotbarschfilet säubern und mit Salz und Pfeffer würzen. Das Fischfilet in die Auflaufform legen.
3. Die Paprika in kleine Würfel schneiden und den Knoblauch fein hacken. Die Tomaten häuten und die Zwiebel schälen, beides ebenfalls in Würfel schneiden.
4. Das Gemüse auf dem Rotbarsch verteilen und das Ganze mit Salz, Pfeffer und Oregano würzen.
5. Den Mozzarella in sehr dünne Scheiben schneiden und alles damit bedecken.
6. Im vorgeheizten Backofen etwa 35 Minuten gratinieren lassen.

Nährwerte für 1 Portion	
Kalorien	384 kcal
Fett	21,2 g
Kohlenhydrate	7,8 g
Eiweiß	38,1 g

Abendessen: Spinat-Frittata mit Ziegenkäse

Zutaten für 1 Portion

Zutaten:

- 2 Eier
- 100 g Spinat
- 1 EL Milch (1,5 %)
- 30 g Ziegenkäse
- ½ EL Pinienkerne
- Salz, Pfeffer

Schwierigkeitsgrad:	**einfach**
Zubereitungszeit:	**ca. 30 min.**
Portionsgröße:	**1**

Zubereitung:

1. Backofen auf 190°C Umluft oder 220°C Ober-/Unterhitze vorheizen und eine ofenfeste Form einfetten.
2. Eier mit der Milch verquirlen.
3. Ziegenkäse zerkrümeln und zusammen mit den Pinienkernen, Spinat, Salz und Pfeffer zu den Eiern geben.
4. In die gefettete Form geben und für etwa 25 Minuten backen, bis das Ei stockt.

Nährwerte für 1 Portion	
Kalorien	364 kcal
Fett	22,5 g
Kohlenhydrate	4,7 g
Eiweiß	22,2 g

TAG 27

Frühstück: Apfel-Hafer-Shake

Zutaten für 1 Portion

Zutaten:

- 100 ml Milch (1,5 % Fett)
- 100 ml Wasser
- 15 g Haferflocken (kernig)
- 125 g Hüttenkäse
- 50 g grüner Apfel
- 15 g Eiweißpulver, Neutral

Schwierigkeitsgrad:	**einfach**
Zubereitungszeit:	**ca. 10 min.**
Portionsgröße:	**1**

Zubereitung:

1. Den Apfel waschen und anschließend reiben.
2. Zusammen mit den restlichen Zutaten in einen Blender oder Mixbecher geben und fein pürieren.

Nährwerte für 1 Portion	
Kalorien	318 kcal
Fett	9,0 g
Kohlenhydrate	24,9 g
Eiweiß	33,2 g

Mittagessen: Protein-Pancakes mit Frischkäse & Himbeersoße

Zutaten für 1 Portion

Zutaten:

- 2 Eiweiß
- 50 g Proteinpulver, neutral
- 50 ml Sojamilch
- 25g gemahlene Mandeln
- 30 g Himbeeren
- 2 EL körniger Frischkäse
- 1 EL Wasser
- etwas Öl
- Xucker Light oder Süßstoff nach Bedarf

Schwierigkeitsgrad:	**einfach**
Zubereitungszeit:	**ca. 25 min.**
Portionsgröße:	**1**

Zubereitung:

1. Das Eiweiß steif schlagen. Proteinpulver mit der Sojamilch und den gemahlenen Mandeln verrühren und vorsichtig das steife Eiweiß unterheben bis eine homogene Masse entsteht.
2. Die Himbeeren mit dem Wasser pürieren und ggf. nach Bedarf mit etwas Süßstoff süßen.
3. Eine heiße Pfanne mit etwas Öl ausstreichen und den Teig in zwei Partien zu Pancakes backen.
4. Den Frischkäse auf den fertigen Pancakes verteilen und die Himbeersoße darüber geben.

Nährwerte für 1 Portion	
Kalorien	465 kcal
Fett	18,3 g
Kohlenhydrate	7,6 g
Eiweiß	68,5 g

Abendessen: Gemüse-Sticks mit Dip

Zutaten für 1 Portion

Zutaten:

- 100 g Magerquark
- 100 g Karotte
- 100 g Gurke
- 100 g gelbe Paprika
- ½ kleine Knoblauchzehe
- 1 EL Milch
- 1 EL Schnittlauch, gehackt
- 1 EL Petersilie, gehackt
- Salz, Pfeffer

Schwierigkeitsgrad:	**einfach**
Zubereitungszeit:	**ca. 15 min.**
Portionsgröße:	**1**

Zubereitung:

1. Den Magerquark mit der Milch glatt rühren. Schnittlauch und Petersilie hinzugeben und mit Salz und Pfeffer würzen.
2. Das Gemüse in Form von Sticks schneiden, Dippen und genießen.

Nährwerte für 1 Portion	
Kalorien	208 kcal
Fett	1,3 g
Kohlenhydrate	20,8 g
Eiweiß	25,1 g

TAG 28

Frühstück: Bananen-Chia-Pudding

Zutaten für 1 Portion

Zutaten:

- 20 g Chia Samen
- 200 ml Sojamilch
- 180 g Banane
- Xucker Light oder Süßstoff nach Bedarf

Schwierigkeitsgrad:	**einfach**
Zubereitungszeit:	**ca. 8 Std.**
Portionsgröße:	**1**

Zubereitung:

1. Chia Samen mit der Sojamilch vermengen und über Nacht in den Kühlschrank stellen.
2. Banane in Scheiben oder Stücke schneiden und auf den fertigen Pudding geben.

Tipp: Wird der Chia-Pudding in einem verschlossenen Behälter oder Gefäß angesetzt, können die Bananen auch direkt dazu gegeben werden und über Nacht mit „einweichen“.

Nährwerte für 1 Portion	
Kalorien	519 kcal
Fett	30,9 g
Kohlenhydrate	13,5 g
Eiweiß	44,5 g

Mittagessen: Rindergeschnetzeltes mit Knoblauch & Lauch

Zutaten für 1 Portion

Zutaten:

- 150 g Rinderhüfte
- 1 Stück Ingwer (frisch, ca. 1 cm)
- 3 Knoblauchzehen
- 100 g Lauch (nur das Grün)
- 60 g Shirataki Reis
- 1 EL Erdnussöl
- ½ EL helle Sojasauce
- 2 EL Wasser

Schwierigkeitsgrad:	**einfach**
Zubereitungszeit:	**ca. 20 min.**
Portionsgröße:	**1**

Zubereitung:

1. Das Rindfleisch säubern, trocken tupfen und in Streifen schneiden.
2. Ingwer und Knoblauch schälen. Den Ingwer fein würfeln und den Knoblauch vierteln. Den Lauch putzen, waschen und in Ringe schneiden.
3. Den Reis nach Packungsanweisung zubereiten.
4. Das Erdnuss-Öl in einem Wok oder einer Pfanne erhitzen. Die Rinderstreifen zusammen mit dem Ingwer und dem Knoblauch ca. 1-2 Minuten unter Rühren scharf anbraten.
5. Den Lauch und das Wasser hinzufügen. Für etwa 2-3 Minuten köcheln lassen, bis das Wasser verdampft ist. Dabei immer wieder umrühren.
6. Mit der hellen Sojasoße würzen und mit dem Reis anrichten.

Nährwerte für 1 Portion	
Kalorien	354 kcal
Fett	19,8 g
Kohlenhydrate	7,6 g
Eiweiß	35,4 g

Abendessen: Pfirsich-Kamille-Smoothie

Zutaten für 1 Portion

Zutaten:

- 2 EL gemahlene Mandeln
- 4 EL Natur-Joghurt (fettarm)
- 1 EL Eiweißpulver, Vanille
- ½ Pfirsich
- 70 ml kalter Kamillentee
- 70 ml Mandelmilch
- 2-3 Eiswürfel
- Stevia, Süßstoff, Xucker etc. nach Belieben

Schwierigkeitsgrad:	**einfach**
Zubereitungszeit:	**ca. 5 min.**
Portionsgröße:	**1**

Zubereitung:

1. Den Pfirsich vom Kern befreien und das Fruchtfleisch in Würfel schneiden.
2. Zusammen mit den restlichen Zutaten in einen Mixer geben, für etwa 2 Minuten schön schaumig pürieren, in ein Glas füllen und genießen.

Nährwerte für 1 Portion	
Kalorien	278 kcal
Fett	17,4 g
Kohlenhydrate	9,2 g
Eiweiß	19,8 g

TAG 29

Frühstück: Himbeer-Kiwi-Vanille-Quark

Zutaten für 1 Portion

Zutaten:

- 200 g Magerquark
- 50 g Kiwi
- 30 g Himbeeren
- 10 g Eiweißpulver, Raspberry

Schwierigkeitsgrad:	**einfach**
Zubereitungszeit:	**ca. 10 min.**
Portionsgröße:	**1**

Zubereitung:

1. Die Kiwi schälen und grob in Stücke schneiden Zum Quark geben und mit einem Pürierstab fein pürieren.
2. Das Eiweißpulver hinzugeben und schön glatt rühren.
3. Himbeeren unterheben, nach Belieben süßen und genießen.

Nährwerte für 1 Portion	
Kalorien	215 kcal
Fett	1,3 g
Kohlenhydrate	14,7 g
Eiweiß	3 g

Mittagessen: Zucchini-Hähnchen-Salat

Zutaten für 1 Portion

Zutaten:

- 125 g Hähnchenbrustfilet
- 75 g gelbe Zucchini
- 75 g grüne Zucchini
- ½ rote Chilischote
- 1 ½ EL Blutorangensaft
- 3 Minzblätter
- 1 EL Limettensaft
- 1 EL Olivenöl
- ½ EL Balsamico-Essig, hell
- 1 Prise Xucker
- Salz, Pfeffer

Schwierigkeitsgrad:	**einfach**
Zubereitungszeit:	**ca. 20 min.**
Portionsgröße:	**1**

Zubereitung:

1. Das Hähnchenbrustfilet säubern, trocken tupfen und in gleichgroße Würfel schneiden.
2. Die Zucchini abwaschen und mit der Schale in schräge Scheiben schneiden. Die Chilischote entkernen und in feine Ringe schneiden. Minzblätter in Streifen schneiden.
3. In eine heiße Pfanne 1 TL Olivenöl geben und die Zucchini darin anbraten bis sie leicht gebräunt ist. Mit Salz und Pfeffer würzen und herausnehmen.
4. In dieselbe Pfanne wieder 1 TL Olivenöl geben und die Hähnchenbrustwürfel darin anbraten, bis sie leicht braun sind. Haben die Hähnchenwürfel eine schöne Farbe, mit Salz und Pfeffer würzen und mit dem Blutorangensaft ablöschen.
5. Für das Dressing den Limettensaft, Essig, Xucker, Salz und Pfeffer miteinander verrühren. Während des Rührens, langsam 1 TL Olivenöl dazugeben, damit das Dressing eine gute Bindung eingeht.
6. Die angebratenen Zucchinischeiben, die Hähnchenbrustwürfel, die kleingeschnittene Chilischote und die Minzblätter nun in eine große Schüssel geben, das Dressing hinzufügen und alles gut miteinander vermengen.

Nährwerte für 1 Portion	
Kalorien	306 kcal
Fett	16,3 g
Kohlenhydrate	10,7 g
Eiweiß	32,1 g

Abendessen: Fisch-Burger

Zutaten für 1 Portion

Zutaten:

- 160 g Seelachsfilet
- 1 Ei (M)
- 35 g Frischkäse, fettarm
- 2 Tomatenscheiben
- 1 Blatt Kopfsalat
- 1 EL süße Chilisoße
- 1 TL Öl
- Salz, Pfeffer

Schwierigkeitsgrad:	**einfach**
Zubereitungszeit:	**ca. 50 min.**
Portionsgröße:	**1**

Zubereitung:

1. Den Backofen auf 150°C Umluft oder 170°C Ober-/Unterhitze vorheizen.
2. Das Ei trennen. Den Frischkäse in eine Schüssel geben und mit dem Eigelb verrühren. Das Eiweiß mit einer Prise Salz steif schlagen. Den Eischnee vorsichtig unter den Frischkäse heben.
3. Den Teig als ein „Häufchen“ auf ein mit Backpapier ausgelegtes Backblech geben und im vorgeheizten Backofen für etwa 25 Minuten backen.
4. In der Zwischenzeit das Fischfilet säubern und mit Salz und Pfeffer würzen. Das Öl in einer Pfanne erhitzen und den Fisch darin von beiden Seiten etwa 4 - 5 Minuten braten.
5. Das leicht abgekühlte Burger-Brötchen aufschneiden, mit dem Salatblatt und den Tomatenscheiben belegen, das Fischfilet darauf geben, mit der süßen Chilisoße würzen und den Brötchen-Deckel auflegen.
6. Noch warm genießen.

Nährwerte für 1 Portion	
Kalorien	368 kcal
Fett	19,8 g
Kohlenhydrate	9,3 g
Eiweiß	16,1 g

TAG 30

Frühstück: Buntes Rührei

Zutaten für 1 Portion

Zutaten:

- 2 Eier (M)
- 50 gekochter Schinken
- 40 g Zwiebel
- 100 g grüne Paprika
- 2 rote Cherrytomaten
- 2 gelbe Cherrytomaten
- 1 kleine Knoblauchzehe
- 1 TL Öl
- Salz, Pfeffer

Schwierigkeitsgrad:	**einfach**
Zubereitungszeit:	**ca. 15 min.**
Portionsgröße:	**1**

Zubereitung:

1. Die Zwiebel in kleine Würfel schneiden. Paprikas entkernen und in Streifen schneiden. Tomaten waschen und vierteln. Knoblauch schälen und pressen.
2. Öl in eine heiße Pfanne geben, Zwiebeln hinzufügen und anbraten. Die Tomaten und den Knoblauch hinzugeben und gut umrühren. Mit Salz und Pfeffer würzen und kurz weiter garen
3. Eier mit Salz und Pfeffer verquirlen, zu den restlichen Zutaten geben und unter ständigem Rühren stocken lassen.

Nährwerte für 1 Portion	
Kalorien	310 kcal
Fett	18,0 g
Kohlenhydrate	7,7 g
Eiweiß	21,7 g

Mittagessen: Beeren-Pancakes mit Joghurt

Zutaten für 1 Portion

Zutaten:

- 2 Eier (M)
- 1 EL Eiweißpulver, Vanille
- 50 g Skyr Natur Joghurt
- 125 g Waldbeeren nach Belieben
- ½ Zitrone
- 5 EL Sojamilch
- 4 Minze Blätter, gehackt
- 1 TL Öl
- Xucker oder Süßstoff nach Belieben
- Salz

Schwierigkeitsgrad:	**einfach**
Zubereitungszeit:	**ca. 15 min.**
Portionsgröße:	**1**

Zubereitung:

1. Die Zitrone heiß abspülen, Schale abreiben und den Saft auspressen.
2. Die Eier trennen. Eiweiß mit einer Prise Salz steif schlagen. In einer separaten Schüssel das Eigelb mit der Sojamilch, dem Eiweißpulver und ggf. etwas Xucker oder Süßstoff zu einer homogenen Masse verarbeiten.
3. Den Joghurt mit Zitronensaft, Zitronenabrieb und der gehackten Minze verrühren. Nach Belieben süßen.
4. Das Eiweiß vorsichtig unter den Teig heben, bis alles gut verteilt ist.
5. Öl in einer Pfanne erhitzen, den Teig darin verteilen und von beiden Seiten durchbacken.
6. Auf einen Teller geben, mit der Joghurt-Creme bestreichen und mit den Beeren belegen.

Nährwerte für 1 Portion	
Kalorien	321 kcal
Fett	14,6 g
Kohlenhydrate	14,8 g
Eiweiß	29,4 g

Abendessen: Thunfisch-Pizza

Zutaten für 1 Portion

Zutaten:

- 1 Dose Thunfisch, im eigenen Saft
- 1 Ei
- 30 g Gouda, gerieben
- 30 g Mais
- 4 Zucchini-Scheiben
- ½ Zwiebel
- Salz, Pfeffer

Schwierigkeitsgrad:	**einfach**
Zubereitungszeit:	**ca. 45 min.**
Portionsgröße:	**1**

Zubereitung:

1. Den Backofen auf 180°C Umluft oder 200°C Over-/Unterhitze vorheizen.
2. Den Thunfisch abgießen, abtropfen lassen und in eine kleine Schüssel geben. Das Ei mit Salz und Pfeffer verquirlen und zu dem Thunfisch geben.
3. Gut miteinander verrühren und auf ein mit Backpapier ausgelegtes Blech streichen (etwa ½ cm dick). Im Backofen bei 200°C etwa 15 Minuten backen.
4. Die Zwiebel in feine Streifen schneiden.
5. Nach 15 Minuten Backzeit, den „Thunfischboden“ aus dem Ofen holen, mit den Zucchini-Scheiben, den Zwiebeln und dem Mais belegen und mit geriebenem Käse bestreuen.
6. Nach Belieben evtl. mit Oregano würzen und für weitere 15 Minuten backen.

Nährwerte für 1 Portion	
Kalorien	422kcal
Fett	17,7 g
Kohlenhydrate	7,5 g
Eiweiß	55,8 g

Snacks & Zwischenmahlzeiten

Neben den 3 Hauptmahlzeiten dürfen Sie sich am Tag auch 2 Snack bzw. Zwischenmahlzeiten gönnen. Für den einen klingt das jetzt sehr verlockend, für den anderen vielleicht weniger, weil er entweder gar keinen Hunger verspürt, oder auch keine Zeit dafür hat. Zwischenmahlzeiten sind kein Muss! Sie können auch zu Ihrem Frühstück, Mittag oder Abendessen einen Snack genießen. Wenn sie so z.B. das Gefühl haben, sich einen Nachtisch leisten zu können.

Nachfolgend finden Sie einige Vorschläge für Snacks und Zwischenmahlzeiten, die Sie in Ihren Ernährungsplan einbauen können.

Schnelle Snacks & Zwischenmahlzeiten

- 1 Apfel
- 100 g Papaya
- 1 Orange
- 1 Tomate
- 100 g Karotte
- 100 g Gurke
- einige Oliven
- Gemüse-Sticks mit Dip aus Joghurt und Kräutern
- 100 g Papaya
- 1 hartgekochtes Ei
- 30 g Nüsse
- 30 g Samen
- 1 Eiweißshake
- Grüne Smoothies, ohne Zuckerzusatz
- 1 Becher fettarmer Hüttenkäse, pur oder mit etwas Obst
- Magerquark, pur oder mit etwas Obst bzw. Gemüse
- 150 g fettarmer Joghurt, pur oder mit Früchten
- 100 g Hähnchenbrustaufschnitt
- 100 g Putenbrustaufschnitt
- 100 g gekochter Schinken
- Harzer Käse
- 30 g fettarmer Hartkäse

Eiweißreiche Ei- & Milchprodukte

Produkte	EW/100 g	KH/100 g	Fett/100 g	Kcal/100 g
Eiklar vom Hühnerei	10,5 g	0,3 g	0,1 g	44
Frischkäsezubereitung, Halbfettstufe	10,7 g	3,6 g	5,0 g	105
Frischkäsezubereitung, Magerstufe	13,4 g	4,0 g	1,0 g	82
Hüttenkäse, Magerstufe	13,3 g	3,3 g	1,4 g	81
Hüttenkäse, vollfett	12,6 g	2,6 g	4,3 g	102
Joghurt, entrahmt	4,3 g	4,2 g	0,1 g	38
Käse, Camembert, halb-fett	24,3 g	0,0 g	8,6 g	175
Käse, Harzer Käse	30,0 g	0,0 g	0,8 g	126
Käse, Mozzarella, fettre-duziert	19,0 g	1,0 g	8,5 g	157
Milch, Buttermilch	3,2 g	4,0 g	0,5 g	33
Milch, entrahmt	3,5 g	5,0 g	0,1 g	36
Quark, Magerstufe	13,5 g	4,0 g	0,2 g	75
Skyr	11,0 g	4,0 g	0,2 g	65

Eiweißreiches Fleisch

Produkt	Eiweiß/100 g	KH/100 g	Fett/100 g	Kcal/100 g
Beef Jerky	46,0 g	2,7 g	5,5 g	240
Büffel, Hack	20,2 g	0,1 g	7,2 g	146
Büffel, Steak, mager (Bison)	21,6 g	0,0 g	1,8 g	109
Fasan, mager	22,0 g	0,0 g	5,2 g	135
Hähnchen, ganz, mit Haut	18,8 g	0,0 g	10,3 g	168
Hinterschinken	20,2 g	0,7 g	2,3 g	104
Hirsch, Steak	23,1 g	0,0 g	2,1 g	111
Kalb, Filet	21,2 g	0,0 g	3,8 g	119
Kalb, Hack	19,7 g	0,0 g	7,7 g	148
Kalb, Hinterkeule	22,2 g	0,0 g	1,6 g	103
Kalb, Kotelett	20,7 g	0,0 g	8,7 g	161
Kalb, Leber	19,6 g	4,6 g	4,3 g	135
Kalb, Lendenkotelett, Steak	22,8 g	0,0 g	2,4 g	113
Kalb, Schulter, Braten	20,2 g	0,0 g	4,8 g	124
Kaninchen, Filet	24,3 g	0,0 g	1,5 g	111
Lamm, Filet	20,4 g	0,0 g	3,4 g	112
Lamm, Lendenkotelett	21,8 g	0,0 g	3,3 g	117
Pferdefleisch, mager	21,4 g	0,0 g	1,9 g	103
Pute, Hackfleisch	17,4 g	0,7 g	9,8 g	161
Putenbrust, ohne Haut	24,6 g	0,0 g	1,0 g	107
Rebhuhn	35,0 g	0,0 g	9,0 g	222
Reh, Schnitzel	22,5 g	0,0 g	1,7 g	105
Rind, Filet, Lende	21,2 g	0,0 g	4,0 g	121
Rind, Hack	19,7 g	0,5 g	13,6 g	202
Rind, Hack, Tatar	21,4 g	0,0 g	3,0 g	113
Rind, Hinterkeule	22,6 g	0,0 g	2,3 g	111
Rind, Keule	20,6 g	0,0 g	4,3 g	121
Rind, Leber	20,5 g	5,3 g	3,9 g	138
Rind, Nacken	19,0 g	0,0 g	9,3 g	160
Rind, Oberschale	21,7 g	0,0 g	2,6 g	111

Rind, Rücken (Roastbeef)	**22,5 g**	**0,0 g**	**4,5 g**	**130**
Rind, Schulter (Bug)	20,2 g	0,0 g	5,3 g	129
Schwein, Haxe	**25,6 g**	**0,7 g**	**7,6 g**	**173**
Schwein, Hinterkeule	22,6 g	0,0 g	2,7 g	115
Schwein, Lende	**22,9 g**	**0,0 g**	**5,1 g**	**138**
Strauß, Filet	22,4 g	0,0 g	1,7 g	111
Truthahn, Brust	**24,0 g**	**0,0 g**	**1,3 g**	**108**
Vorderschinken, Schwein	18,6 g	0,4 g	3,3 g	106
Wild Hase	**21,8 g**	**0,0 g**	**2,3 g**	**114**
Wildschwein	19,5 g	0,0 g	9,3 g	161
Huhn, Brust	**21,2 g**	**0,0 g**	**2,6 g**	**114**

Eiweißreicher Fisch

Produkt	Eiweiß/100 g	KH/100 g	Fett/100 g	Kcal/100 g
Anchovis, Konserve	28,9 g	0,0 g	9,7 g	210
Dorade	18,4 g	0,0 g	2,0 g	97
Dorsch	18,1 g	0,0 g	0,4 g	76
Felchen	19,2 g	0,0 g	2,7 g	101
Flunder	16,5 g	0,0 g	0,7 g	72
Forelle	16,0 g	0,0 g	7,0 g	127
Garnelen	11,4 g	1,2 g	0,6 g	56
Hecht	18,4 g	0,0 g	0,9 g	81
Heilbutt	20,6 g	0,0 g	3,9 g	118
Hering	18,0 g	0,0 g	9,0 g	158
Hummer	18,8 g	0,5 g	0,9 g	86
Karpfen	17,8 g	0,0 g	5,6 g	127
Kaviar	26,1 g	4,0 g	15,5 g	259
Krabben	18,6 g	0,7 g	1,4 g	91
Lachs	21,9 g	0,0 g	7,3 g	153
Lachs, geräuchert	23,2 g	0,0 g	8,2 g	167
Muscheln	11,9 g	3,7 g	2,2 g	86
Rotbarsch	19,4 g	0,0 g	0,9 g	91
Sardelle in Öl, Konserve, abgetropft	26,4 g	0,2 g	8,5 g	182
Sardine	20,4 g	0,0 g	9,0 g	163
Scampi	19,6 g	0,8 g	1,3 g	93
Schillerlocken, geräuchert	26,1 g	0,0 g	7,0 g	168
Scholle	17,9 g	0,0 g	1,9 g	90
Schwertfisch	19,7 g	0,0 g	6,7 g	144
Seehecht	17,0 g	0,0 g	0,3 g	71
Seelachs	19,3 g	0,0 g	0,3 g	80
Seezunge	18,7 g	0,0 g	1,1 g	85
Surimi	12,6 g	6,1 g	0,7 g	81
Thunfisch, frisch	23,4 g	0,0 g	6,2 g	149
Thunfisch in Wasser	25,6 g	0,0 g	1,6 g	117

Tilapia	20,1 g	0,0 g	1,7 g	96
Tintenfisch	16,0 g	2,3 g	1,1 g	83
Wildlachs	25,0 g	0,0 g	1,0 g	114

Eiweißreiche pflanzliche Lebensmittel

Produkt	Eiweiß/100 g	KH/100 g	Fett/100 g	Kcal/100 g
Artischocke	2,4 g	2,6 g	0,1 g	22
Blumenkohl	2,4 g	4,7 g	0,3 g	26
Broccoli	3,0 g	5,4 g	0,4 g	31
Brunnenkresse	2,2 g	2,9 g	0,2 g	17
Champignons	2,1 g	3,0 g	0,3 g	18
Eiweißbrot	31,3 g	4,7 g	9,0 g	222
Endivie	1,8 g	2,5 g	0,2 g	16
Feldsalat	2,0 g	1,8 g	0,4 g	21
Kräuterseitling	4,4 g	3,3 g	0,0 g	33
Mangold	2,1 g	3,7 g	0,2 g	23
Natto	17,7 g	1,8 g	11,0 g	176
Okra	2,1 g	2,2 g	0,2 g	20
Rosenkohl	4,0 g	7,8 g	0,5 g	43
Rucola	2,6 g	3,7 g	0,7 g	28
Schnittlauch	3,0 g	4,2 g	0,6 g	30
Sojasprossen	5,5 g	7,1 g	1,0 g	55
Spinat	2,7 g	3,4 g	0,4 g	23
Spirulina, frisch	5,9 g	2,1 g	0,4 g	37
Spirulina, getrocknet	59,8 g	20,2 g	4,1 g	367
Steinpilz	3,6 g	6,6 g	0,4 g	32
Süßlupine, geschrotet	33,1 g	6,2 g	5,9 g	292
Tempeh	19,0 g	1,8 g	7,7 g	152
Tofu	8,1 g	1,9 g	4,8 g	81
Zucchini	1,8 g	3,0 g	0,2 g	19

Eiweißreiche Sportnahrungsmittel

Produkt	Eiweiß/100 g	KH/100 g	Fett/100 g	Kcal/100 g	Vegan
Eiweißpulver, Casein	77,9 g	4,8 g	2,1 g	365	✗
Eiweißpulver, Hanf Protein	50,0 g	24,0 g	12,0 g	389	✓
Eiweißpulver, Protein 96	90,9 g	1,7 g	1,2 g	391	✗
Eiweißpulver, Reisprotein	71,4 g	19,0 g	0,0 g	380	✓
Eiweißpulver, Soja Isolat	90,0 g	0,5 g	0,5 g	367	✓
Eiweißpulver, Warrior Blend	74,0 g	8,0 g	8,0 g	400	✓
Eiweißpulver, Whey Isolat	90,4 g	3,1 g	1,1 g	394	✗
Eiweißriegel, Body Attack Carb Control	45,0 g	22,0 g	15,0 g	374	✗
Eiweißriegel, D's Natural No Cow Bar	33,3 g	41,7 g	8,3 g	283	✓
Eiweißriegel, Frey 55er	56,0 g	16,0 g	10,0 g	374	✗
Eiweißriegel, Ochsenriegel	40,0 g	1,0 g	5,0 g	210	✗
Eiweißriegel, Peak Protein Bar 70	70,0 g	10,0 g	0,8 g	312	✗
Eiweißriegel, Quest Bar (Vanille Mandel)	33,3 g	35,0 g	13,3 g	317	✗
Eiweißriegel, Weider High Protein Low Carb	41,0 g	20,0 g	9,0 g	320	✗

Produktempfehlungen

Hier finden Sie einige Produktempfehlungen für Produkte, die ich ausprobiert habe und/oder regelmäßig benutze. Auch hier muss man manchmal etwas „rumprobieren“, bis man das für sich optimale Produkt gefunden hat.

Ich beziehe einen Großteil der Produkte aus dem Internet, dieses ist aber kein Muss. Einige der aufgezählten Dinge, sind auch in gut sortierten Super- oder Drogeriemärkten erhältlich, sowie in Bioläden und Reformhäusern. In Online-Shops ist jedoch in der Regel die Auswahl größer, bzw. einige Produkte auch in anderen Mengen verfügbar.

Eiweißpulver

ESN Designer Whey Protein

Dieses Proteinpulver gibt es in 31 tollen Geschmacksrichtungen und ist im Moment einer meiner absoluten Favoriten. Ob als Shake, in Joghurt oder Quark, ich benutze es für fast alles und es schmeckt auch nur mit Wasser angerrührt wirklich lecker.

ESN Designer Whey Protein ist in 1 kg und 2,5 kg Beuteln erhältlich.

MyProtein Impact Whey Protein

Das Eiweißpulver von MyProtein kann ich auch nur empfehlen. Es ist etwas günstiger als das, von ESN, bietet aber sogar 53 unterschiedliche Geschmacksrichtungen. Da fällt die Entscheidung schwer.

Das Impact Whey Protein von MyProtein ist in 1 kg, 2kg, 2,5 kg und 5 kg Beuteln erhältlich.

Nutri-Plus Shape & Shake

Nutri Plus Shape & Shake kommt in 11 verschiedenen Geschmacksrichtungen daher und ist ohne Aspartam, Süßstoffe, Aromen, Farbstoffe, Konservierungsstoffe, Gelatine und Gentechnik hergestellt worden. Es ist außerdem auch ideal zum Kochen und Backen geeignet, weshalb ich es besonders in Neutral, immer zu Hause habe.

Es ist in 500 g, 1 kg und 2 kg Dosen erhältlich.

Layenberger LowCarb.one 3K Protein-Shake

Das Proteinpulver von Layenberger ist meiner Meinung nach das perfekte Eiweißpulver für Einsteiger. Es ist preislich recht erschwinglich, in unterschiedlichen Geschmacksrichtungen erhältlich und im Gegensatz zu einigen anderen Eiweißpulvern in fast jedem gut sortierten Drogerie- oder Supermarkt zu finden. Wer also testen möchte, ob er mit Eiweißpulver zurechtkommt, ist mit diesem Produkt gut bedient.

Die Dose enthält etwa 360 g.. Auch ich habe damit angefangen.

Lupinen Proteinpulver

Lupinen Proteinpulver ist eine tolle Sache, denn es enthält nicht nur viel Eiweiß, sondern ist auch zu 100 % vegan. So müssen auch Veganer nicht auf den Verzehr von Eiweißpulver verzichten. Dieses Produkt wird in Deutschland hergestellt und eignet sich optimal fürs Backen, Kochen, Müslis, Smoothies und Shakes.

Dieses Eiweißpulver ist in 500 g Dosen erhältlich.

Vegan Protein

Vegan Protein ist ebenfalls vegan und auch eine tolle Alternative für Veganer. Es besteht aus Reis-, Hanf-, Soja-, Erbsen-, Chia-, Sonnenblumen- und Kürbiskernprotein sowie Kokosmilch und ist in der Geschmacksrichtung Vanille erhältlich. In einer Dose Vegan Protein befinden sich etwa 600 g Proteinpulver.

Zuckerersatz

Xucker

Xucker (Xylit) ist eine kalorienreduzierte natürliche Zuckeralternative und enthält 40 % weniger Kalorien, als herkömmlicher Raffinade Zucker. Trotzdem süßt und konserviert er wie normaler Zucker und ist gut löslich.

Er eignet sich besonders gut zum Backen von Kuchen oder Keksen, Herstellen von Konfitüre, Eis oder Sirup, Süßen von Getränken, Süßspeisen und Saucen. Zudem ist er Zahnpflegend und besonders gut geeignet zum Backen von Kuchen oder Keksen, Herstellen von Konfitüre, Eis oder Sirup, Süßen von Getränken, Süßspeisen und Saucen.

Außerdem ist er frei von Stevia und Süßstoffen, glutenfrei, allergenfrei und vegan. Xucker ist in 1 kg und 4,5 kg Dosen erhältlich.

Ich kann Xucker nur empfehlen, er ist eine tolle Alternative zu gewöhnlichem Haushaltszucker.

Xucker Light

Xucker Light(Erythrit) ist mein persönlicher Favorit was den Zuckerersatz angeht. Er ist kalorienfrei, schmeckt wie Zucker, gut löslich und ohne verwertbare Kohlenhydrate. Xucker Light hat 70 % Süßkraft von normalem Zucker und eignet sich unter anderem zum Süßen von Getränken, Süßspeisen und Desserts, zum Kochen und für Saucen und nach staubfeiner Pulverisierung im Mixer auch zum Backen.

Ebenso wie Xucker ist er frei von Stevia und Süßstoffen, glutenfrei, allergenfrei und vegan. Erhältlich ist Xucker Light in 1 kg Dosen.

Weitere tolle Xucker Produkte die ich empfehlen kann und regelmäßig benutze, um Müslis, Quarkspeisen, Porridge oder Shakes zu verfeinern:

- Xylit-Schokolade - Schokodrops
- Xucker Weiße Schokolade – White Chocolate-Drops
- Puder-Xucker (Erythrit)
- Xucker Zuckerfreier Gelierzucker 3:1 mit Xylit und Pektin
- Xucker Trink-Schokolade mit Xylit

Xucker bietet wirklich viele Möglichkeiten und hat neben Zuckerersatz auch Produkte wie Haselnuss-Creme, Kaugummi, Schokolade oder Ketchup. Vielleicht können auch Sie ein Xucker Produkt für sich finden.

Stevia

Auch Stevia ist als Zuckerersatz sehr beliebt. Ich persönlich kann nur reinen Stevia Extrakt empfehlen. Ich habe viele verschiedene Stevia Produkte getestet und empfand viele als geschmacklich unangenehm.

Aber Geschmäcker sind ja verschieden und wenn Sie gut mit Stevia zurechtkommen, ist das super, denn auch Stevia hat ja bekanntlich keine Kalorien.

Weizenmehl-/Weißmehl-Ersatz

Mandelmehl

- Ölmühle Solling Mandelmehl teilentölt
- Schoefer Naturprodukte Bio Mandelmehl teil-entölt aus blanchierten Süßmandeln
- Wohltuer Premium Mandelmehl
- Wohltuer Bio Mandelmehl
- Carb weißes Mandelmehl entölt

Kokosmehl

- Ölmühle Solling Kokosmehl teilentölt
- Bio Premium Kokosmehl - Low Carb - Glutenfrei - Vegetarisch und Vegan
- Wohltuer Bio Kokosmehl
- Schoefer Naturprodukte Bio Kokosmehl teil-entölt

Leinsamenmehl

- Ölmühle Solling Bio Leinsamenmehl
- Schoefer Naturprodukte Bio Leinsamenmehl teil-entölt
- Carb Leinsamenmehl entölt
- Ölmanufaktur Saarlouis Leinsamenmehl teilentölt und glutenfrei

Aromen

Myprotein Flavdrops

FlavDrops sind eine tolle Erfindung und ich möchte sie auf gar keinen Fall missen. Sie sind in 17 verschiedenen Geschmacksrichtungen erhältlich. Hierbei handelt es sich um Tropfen, zum Aromatisieren von Lebensmitteln und z.B. Protein Pulvern.

Nützliche & hilfreiche Tipps für den optimalen Erfolg einer Eiweiß Diät

- Bei der Eiweiß-Diät muss zwar nicht zwangsläufig Sport getrieben werden, jedoch ist jede Diät erfolgreicher, wenn der Gesamtumsatz erhöht wird. Suchen Sie sich im besten Fall eine körperliche Betätigung, die Ihnen auch Spaß macht, damit Sie nicht gleich die Lust verlieren.

- Durch regelmäßigen Sport und Muskelaufbau purzeln nicht nur schnelle die Pfunde, Sie fühlen sich auch im Allgemeinen fitter und straffen gleichzeitig Ihre Haut.

- Vermeiden Sie Stress, Frust und Langeweile, diese Faktoren führen zwangsläufig zu unschönen Heißhungerattacken.
- Sorgen Sie für ausreichend Schlaf, dieser tut nicht nur Ihrem Körper gut, sondern verhindert ebenfalls Heißhunger

- Essen Sie Ihre Mahlzeiten in regelmäßigen Abständen, so ist nicht nur Ihr Stoffwechsel im Dauerbetrieb, sondern Sie vermieden dadurch wiederum das Gefühl von Heißhunger.

- Essen Sie besonders am Abend proteinreich, so kann Ihr Stoffwechsel in der Nacht ordentlich arbeiten und verstärkt Fett verbrennen.

- Durch eiweißreiche Nahrung am Abend, verspüren Sie morgens weniger Hunger

- Es kann nicht oft genug gesagt werden, aber trinken Sie ausreichend. Mindestens 1,5 l - 2,0 l Wasser oder ungesüßten Tee pro Tag. Mehr ist natürlich immer gut.

- Basteln Sie sich eine „Frust-Kiste". Füllen Sie sie mit Dingen, die Ihnen Freude bereiten, Spaß machen oder etwas Gutes tun, wie z.B. einer schönen CD, einem tollen Buch, Ihrem Lieblingsfilm, einem besonderen Schaumbad, oder was Ihnen sonst so lieb ist. Diese kann dafür sorgen, in Stresssituationen nicht auf Süßigkeiten zurückzugreifen.

- Notieren Sie sich vor Beginn der Diät nicht nur Ihr Startgewicht, sondern auch den Umfang Ihrer Arme, Ihrer Oberschenkel, Ihrer Taille und Ihrer Hüften. So können Sie sich auch über diese Ergebnisse erfreuen.

- Bitten Sie Ihre Familie oder Freunde darum, Sie an schlechten Tage zu ermutigen und zu unterstützen.

- Freuen Sie sich über Kleidungsstücke, die Ihnen mittlerweile zu groß geworden sind.

- Belohnen Sie sich, indem Sie z.B. ein neues Kleidungsstück kaufen.

- Achten Sie nach einer erfolgreichen Eiweiß Diät darauf, sich ausgewogen und weiterhin bewusst und gesund zu ernähren. Planen Sie für 1-3 Tage in der Woche proteinhaltige Mahlzeiten ein, so könne sie den ungeliebten Jojo-Effekt verhindern.

Hilfreiches Zubehör

Hier finden Sie eine kleine Auswahl an hilfreiche Apps, Internetseiten und Produkten, die Ihnen bei der Organisation und der Umsetzung helfen können und es Ihnen erleichtern, den Überblick zu behalten.

Apps

YAZIO

Jeder weiß, dass eine gesunde Ernährung vor allem beim Abnehmen unerlässlich ist. Aber im stressigen Alltag die eigene Ernährung immer im Blick zu behalten, ist nicht immer leicht. Genau dafür gibt es YAZIO! Mit Hilfe unserer Android- und iOS App kannst du deinen persönlichen Kalorien- und Ernährungsplan erstellen und erfolgreich abnehmen, Muskeln aufbauen oder dein Gewicht halten.

Du erfährst, wie viele Kalorien, Kohlenhydrate, Eiweiß und Fett du täglich zu dir nehmen darfst, um deine Ziele zu erreichen – egal ob zu Hause oder unterwegs. So kannst du deine Mahlzeiten und Aktivitäten ganz einfach kontrollieren und deine eigene Ernährung besser kennenlernen.

(Quelle: https://www.yazio.com/de)

Diese App nutze ich selber, sie ist mein absoluter Favorit zurzeit und kann sie nur empfehlen! Ob eine kostenpflichtige PRO-Mitgliedschaft wirklich nötig ist, muss jeder für sich selbst entscheiden, ich nutze die kostenlose Variante und bin sehr zufrieden damit.

FDDB Extender - Kalorienzähler

Ernährungstagebuch führen

Lege ein Profil an und kontrolliere Dein Gewicht und Deine Ernährung. 184.550 Personen haben das Ernährungstagebuch in den letzten 12 Monaten genutzt und dabei ihr Gewicht um durchschnittlich 5,4 kg reduziert.

Bei Fddb kannst Du die Kalorienangaben für 307.900 Produkte und Gerichte finden.

Mit Listen kannst Du Produkte zusammenstellen und Rezepte speichern. Ausgewählte Listen kannst Du auf Fddb veröffentlichen.

(Quelle: http://fddb.info/)

Diese App ist ebenfalls sehr umfangreich und auch wie YAZIO in einer kostenlosen und einer kostenpflichtigen PRO-Version erhältlich. Auch die dazugehörige Webseite bietet einiges, wie z.B. das Führen eines Ernährungstagebuches oder das Anlegen von Listen mit beliebten Lebensmitteln. Mir persönlich gefällt die Aufmachung nicht so gut, trotzdem sollte man sich die App einmal näher anschauen.

MyFitnessPal

Das am einfachsten zu verwendende Ernährungstagebuch im Web - Zeichne das auf, was du isst - in nur wenigen Klicks und von allen Orten aus, an denen eine Internetverbindung besteht... zu Hause oder auf der Arbeit

Eine durchsuchbare Nahrungsmittel-Datenbank mit mehr als 1,000,000 Einträgen - und sie wird jeden Tag noch größer!

Deine eigene persönliche Nahrungsmittel-Datenbank - füge deine eigenen Nahrungsmittel und Rezepte jederzeit hinzu und greife von allen Orten mit Internetverbindung auf sie zu

Kostenlose Handy-Apps für iPhone und Android - damit du deine Mahlzeiten und dein Training auch von unterwegs aus eingeben kannst

Unterstützung und Motivation von Leuten wie du und ich - In unseren Diskussionsforen kannst du von anderen lernen, deine persönlichen Tipps mit ihnen teilen, Zuspruch erhalten und geben und neue Freundschaften schließen.

Ein personalisiertes Diätprofil - auf dein persönliches Abnehmziel abgestimmt.

Flexibilität - Unser System unterstützt alle Diäten wie beispielsweise die Atkins-Diät, South-Beach-Diät, Sears-Diät und mehr. Es spielt keine Rolle, mit welcher Methode du abnimmst, wir können dir helfen.

(Quelle: http://www.myfitnesspal.com/de/)

Auch diese App ist sehr umfangreich und hat eine Menge zu bieten. Wie die beiden anderen Apps ist auch sie als kostenlose- und kostenpflichtige Variante zu haben.

Das eintragen von Lebensmitteln in das Ernährungstagebuch ist meiner Meinung nach etwas gewöhnungsbedürftig und nicht ganz so easy und übersichtlich wie bei den andren beiden Apps. Da aber auch das jeder anders empfindet, empfehle ich, sich auch diese App genauer anzuschauen.

In der Regel sind die Apps in der Lage, Daten von „Fitnesstrackern" wie Smart-Uhren oder auch der Apple Health App abzurufen, bzw. sich mit denen zu verbinden. Dieses ist meiner Meinung nach ein weiterer Vorteil, solche Apps zu benutzen.

Internetseiten

YAZIO

FDDB

DiaetRechner.de

BMI-RECHNER.NET

myfitnesspal

Fitness-Tracker/Fitness-Armband

Es gibt eine große Auswahl an Fitness-Trackern oder auch Fitness-Armbändern, die sich durch verschiedene Funktionen, Aussehen, Größe des Displays und andere Details unterscheiden. Überlegen Sie sich, ob die Anschaffung eines solchen Armbandes sinnvoll für Sie ist und wenn ja, welche Funktionen das Gerät haben sollte. Kaufen Sie nicht gleich den erstbesten Tracker, sondern informieren Sie sich genau. Es wäre schade, wenn dieser dann nicht Ihren Anforderungen entspricht.

Ich benutze eine Apple Watch, welche mir nicht nur äußerlich gut gefällt, sondern auch alle Funktionen besitzt, die mir wichtig sind. Zudem ist sie mit anderen Apple Produkte kompatibel. Aber auch Fitness-Armbänder, die preislich deutlich günstiger sind, wie z.B. **Fitbit Charge 2**, kann ich sehr empfehlen.

Weitere Bücher der Autorin

CHIA SAMEN - Kleines Superfood ganz groß: Fit, gesund & schlank in ein neues Leben starten

MATCHA - Grüner Wundertee mit jahrhundertelanger Tradition: Der Ratgeber: Über 50 leckere Rezept-Ideen für ein gesundes Wohlbefinden

GRÜNE SMOOTHIES - Vegane Wohlfühl-Power aus dem Mixer - Entschlacken, Entgiften & Abnehmen - 70 leckere Rezept-Ideen

SALAT FÜR ALLE – Schlank, gesund & lecker in den Sommer – Vegan, Vegetarisch, Fleisch & Fisch – Über 90 Rezept-Ideen für jeden Geschmack

LOW CARB DIÄT - Mit wenig Kohlenhydraten viel abnehmen

LOW CARB FRÜHSTÜCK: Über 100 leckere Low Carb Rezepte für ein gesundes Low Carb Frühstück - Energie tanken & gesund Leben

LOW CARB REZEPTE - Über 250 himmlische Low Carb Rezepte für den ganzen Tag - Abnehmen ohne Hunger & mit Low Carb zur Traumfigur

LOW CARB REZEPTE: 20 köstliche Low Carb Rezepte für die Weihnachtszeit

LOW CARB REZEPTE: 30 leckere Low Carb Rezepte für Suppen & Eintöpfe

Kontakt zur Autorin - Social Media

Website/Blog: www.nele-kaczmarek.de

Facebook-Profil: Nele Kaczmarek

Facebook-Fanpage: Nele Kaczmarek

Twitter: Nele_Kaczmarek

Instagram: nele_kaczmarek

Google+: Nele Kaczmarek

YouTube: Nele Kaczmarek

Ich freue mich, wenn Sie mich auf meiner Website besuchen, auf meinem Facebook-Profil vorbeischauen, oder mir bei Twitter, Instagram oder Google+ folgen.

In Kürze werden Sie auf meiner Website neben aktuellen Infos zu Büchern auch Produktempfehlungen finden. Hier werde ich Ihnen insbesondere von mir getestete und für gut empfundene Nahrungsmittel sowie Nahrungsergänzungsmittel, Küchengeräte, Küchenhelfer und Zubehör vorstellen und ggf. auch näher erklären. Ebenso möchte ich Sie darüber informieren, wo ich diese Dinge gekauft habe bzw. wo ich das ein oder andere aktuell beziehe und welche Shops ich Ihnen dafür empfehlen kann.

Abonnieren Sie doch meinen Blog oder tragen sich in meinen Newsletter ein und bleiben Sie immer auf dem Laufenden. Hier erfahren Sie von Neuerscheinungen, Gratis-Aktionen, oder können sich einfach nur darüber informieren, was ich so mache.

Schlusswort

Ich hoffe Ihnen hat das Buch gefallen und Sie konnten hilfreiche Informationen mitnehmen. Wenn das der Fall sein sollte, freue ich mich über eine kurze Bewertung in den Amazon Rezensionen. Auch für Hinweise auf Fehler und/oder Unklarheiten bin ich Ihnen dankbar. Wenn Ihnen mein Buch gefallen hat, empfehlen Sie es doch auch Ihren Freunden und Bekannten.

Impressum

1. Auflage Mai 2017

Geranienstr. 9B
14513 Teltow

Rechtliches

Der Inhalt dieses Buches wurde mit großer Sorgfalt geprüft und erstellt. Für die Vollständigkeit, Richtigkeit und Aktualität der Inhalte kann jedoch keine Garantie oder Gewähr übernommen werden. Der Inhalt dieses Buches repräsentieren die persönliche Erfahrung und Meinung des Autors und dient nur dem Unterhaltungszweck. Der Inhalt sollte nicht mit medizinischer Hilfe verwechselt werden. Es wird keine juristische Verantwortung oder Haftung für Schäden übernommen, die durch kontraproduktive Ausübung oder durch Fehler des Lesers entstehen. Es kann auch keine Garantie für Erfolg übernommen werden. Der Autor übernimmt daher keine Verantwortung für das Nicht-Erreichen der im Buch beschriebenen Ziele. Eine Haftung für Personen-, Sach- oder Vermögensschäden ist ausgeschlossen.

Bildnachweis

Buchcover © PhotoSG - fotolia.com
Geschenke © refresh(PIX) - fotolia.com

Einleitung © georgerudy - fotolia.com
Was ist eine Eiweiß-Diät © istetiana - fotolia.com
Warum ist die Eiweiß Diät so beliebt © BillionPhotos.com - fotolia.com
Wieviel Eiweiß ist gesund © Thomas Francois - fotolia.com
Abnehmen mit Eiweiß © Printemps - fotolia.com
Eiweiß für Sportler © expressiovisual - fotolia.com
Die optimalen Nahrungsmittel © PhotoSG - fotolia.com
Die Optimalen Getränke © Hetizia - fotolia.com
Nahrungsergänzungsmittel © Svetlana Anikina - fotolia.com
Vor- & Nachteile einer Eiweiß Diät © SENTELLO - fotolia.com
Für wen ist eine Eiweiß Diät geeignet © Kim Schneider - fotolia.com
Ablauf einer Eiweiß Diät © bluedesign - fotolia.com
Das Einkaufen © Gina Sanders - fotolia.com
Die Motivation © stockphoto-graf
Heißhunger-Attacken vermeiden © happy_lark - fotolia.com
Schinken-Rührei © Floydine - fotolia.com
Grüner Spargel mit Rührei © Monkey Business - fotolia.com
Tomaten-Käse-Salat © Martin Rettenberger - fotolia.com
Vanille-Himbeer-Shake © nerudol - fotolia.com
Gegrillter Rotbarsch © tunedin - fotolia.com
Hüttenkäse mit Thunfisch & Leinsamen © cook_inspire - fotolia.com
Eiweißbrot mit Gemüsequark © Light Impression - fotolia.com
Rucola Salat mit Pute & Erdbeeren © FomaA - fotolia.com
Thunfischsalat mit Ei & Kapern © onlynuta - fotolia.com
Kiwi-Joghurt © Ryo-k - fotolia.com
Chili con Carne mit Pute © lilechka75 - fotolia.com
Gurkensalat mit Aufschnitt © HandmadePictures - fotolia.com
Ei mit Hüttenkäse & Gemüse © Printemps - fotolia.com
Thunfisch mit Gemüse © Maksim Shebeko - fotolia.com
Vanille-Protein-Shake © HandmadePictures - fotolia.com
Apfel-Zimt-Protein-Quark © fahrwasser - fotolia.com
Rumpsteak mit Salat © HLPhoto - fotolia.com
Eiweiß-Kick mit Zitrone © okolaa - fotolia.com
Miso-Suppe mit Tofu © bit24 - fotolia.com
Kabeljau mit Mandel-Kruste © Halfpoint - fotolia.com
Heidelbeer-Vanille-Quark © nblxer - fotolia.com
Grüner Salat mit Lachs-Quark © PHB.cz - fotolia.com
Kräuter-Omelett mit weißem Spargel © Eva Kahlmann - fotolia.com
Grüner Quark-Smoothie © Jenifoto - fotolia.com
Grüner Salat mit Thunfisch & Ei © Ruslan Mitin - fotolia.com
Blumenkohlpüree mit Räuchertofu © Patryssia - fotolia.com
Bananen-Protein-Joghurt mit Haferflocken © ricka_kinamoto - fotolia.com
Zucchini-Gurken-Sticks mit Dip © azurita - fotolia.com
Frikadelle mit Rucola-Tomaten-Salat © photocrew - fotolia.com
Zitronen-Quark © Heike Rau - fotolia.com
Pochierte Eier mit Spinat © Gheorghe - fotolia.com
Gefüllte Paprika © foodolia - fotolia.com
Pfifferling-Rührei mit Speck © kab-vision - fotolia.com
Schinkenröllchen mit Frischkäse & Gemüse © shutterstock_226917529
Puten-Gemüse-Pfanne © Africa Studio - fotolia.com
Ananas-Protein-Shake © 5ph - fotolia.com
Thunfischsalat mit Biss © denio109 - fotolia.com
Ofen-Gemüse mit Fetakäse © Martin Rettenberger - fotolia.com
Mandelmilch-Porridge © noirchocolate - fotolia.com
Rinderfiletstreifen mit Tomaten-Mango-Salat © karepa - fotolia,com
Gefüllte Zucchini mit Käse © iuliia_n - fotolia.com
Dinkel-Knäcke mit Pute & Tomate © elbefoto - fotolia.com
Quark mit Pistazien © Quade - fotolia.com

Spinat-Lachs-Gratin © ExQuisine - fotolia.com
Chia-Quark mit Mandarine © HLPhoto - fotolia.com
Wurstsalat mit Käse© babsi_w - fotolia.com
Pizza-Omelett © lilechka75 - fotolia.com
Schoko-Haselnuss-Pfannkuchen © anjelagr - fotolia.com
Lachs auf Gurken-Gemüse © Boris Ryzhkov - fotolia.com
Hähnchenbrust mit Spinat © Silvia Bogdanski - fotolia.com
Fruchtiger Eiersalat mit Knäckebrot © Heike Rau - fotolia.com
Thunfischsalat mit Ei © Natalia Mylova - fotolia.com
Rindersteak mit Bohnensalat & Ziegenkäse © Barbara Pheby - fotolia.com
Frühstück: Mango-Quark-Smoothie © nblxer - fotolia.com
Omelette mit Frischkäse & Lachs © Martin Turzak - fotolia.com
Hähnchen-Curry-Suppe © Peteers - fotolia.com
Chia-Schoko-Pudding © Peteers - fotolia.com
Tofu-Käse-Frikadellen mit Dip © jeepbabes - fotolia.com
Kabeljau aus dem Ofen © Africa Studio - fotolia.com
Ei & Obstsalat © M.studio - fotolia.com
Avocado-Erdbeer-Salat mit Hähnchenbrust © elenabdesign - fotolia.com
Hähnchenbrust mit Fenchelgemüse © Image Source - fotolia.com
Mandelquark mit Heidelbeeren © lily_rocha - fotolia.com
Knackiger Papaya-Quark © juliadresch - fotolia.com
Krabben-Frischkäse mit Knäckebrot © kristina rütten - fotolia.com
Pute auf „Ungarische" Art © Africa Studio - fotolia.com
Mandel-Pfannkuchen mit Ziegenkäse & Erdbeeren © Jacek Chabraszewski - fotolia.com
Bananen-Protein-Shake © George Dolgikh - fotolia.com
Räucherlachs mit Hüttenkäse © Joshua Resnick - fotolia.com
Zucchini-Spaghetti mit Garnelen © exclusive-design . fotolia.com
Hüttenkäse mit Gemüse & Knäckebrot © eugenesergeev - fotolia.com
Hähnchenbrust-Gurken-Salat © Barbara Pheby - fotolia.com
Feurige Joghurt-Suppe © Marén Wischnewski - fotolia.com
Veganes Tofu-Rührei mit Sesam © Claudia Holzmann - fotolia.com
Spinat-Frittata © nadin333 - fotolia.com
Gratinierter Rotbarsch auf Gemüse © zoryanchik - fotolia.com
Apfel-Hafer-Shake © finepoints - fotolia.com
Gemüse-Sticks mit Dip © cook_inspire - fotolia.com
Protein-Pancakes © irinayurchenko - fotolia.com
Bananen-Chia-Pudding © nata vkusidey - fotolia.com
Pfirsich-Kamille-Smoothie © O.B. - fotolia.com
Rindergeschnetzeltes mit Knoblauch & Lauch © Kitty - fotolia.com
Himbeer-Kiwi-Vanille-Quark © Viktorija - fotolia.com
Fisch-Burger © sarsmis - fotolia.com
Zucchini-Hähnchen-Salat © pavel siamionov - fotolia.com
Buntes Rührei © mateuszsiuta - fotolia.com
Thunfisch-Pizza © jreika - fotolia.com
Beeren-Pancakes mit Joghurt © ddsign - fotolia.com
Nützliche & hilfreiche Tipps © Torbz - fotolia.com
Fitness Armband © ballball14 - fotolia.com
Weiter Bilder pixabay.com, pexels.com

18285613R00150

Printed in Poland
by Amazon Fulfillment
Poland Sp. z o.o., Wrocław